国家一流本科专业建设精品教材
高等院校会计专业(新准则)通用规划教材
全国普通高等教育金牌会计丛书
上海市会计学精品课程
上海高等学校一流本科建设引领计划项目

金牌会计

基础会计模拟实验教程

邬展霞 ◎ 主　编
鲁瑛均 ◎ 副主编

上海财经大学出版社

图书在版编目(CIP)数据

基础会计模拟实验教程/邬展霞,鲁瑛均编著.—上海:上海财经大学出版社,2021.8

高等院校会计专业(新准则)通用规划教材

ISBN 978-7-5642-3759-2/F·3759

Ⅰ.①基…　Ⅱ.①邬…②鲁…　Ⅲ.①会计学-高等学校-教材　Ⅳ.①F230

中国版本图书馆CIP数据核字(2021)第066258号

□ 责任编辑　王　芳
□ 封面设计　贺加贝

基础会计模拟实验教程

邬展霞　主　编
鲁瑛均　副主编

上海财经大学出版社出版发行
(上海市中山北一路369号　邮编200083)
网　址:http://www.sufep.com
电子邮箱:webmaster@sufep.com
全国新华书店经销
上海叶大印务发展有限公司印刷装订
2021年8月第1版　2021年8月第1次印刷

787mm×1092mm　1/16　10.25印张　262千字
印数:0 001—4 000　定价:42.00元

前　言

在信息化和智能化时代，会计手工模拟实验仍然是提高会计学专业学生的业务素质和专业技能的必备环节，是会计专业的重要实践教学内容。

本实验教程以制造业企业为会计主体，围绕其12月份发生的业务资料，通过11项实验教学内容，帮助学生熟练掌握复式记账法、填制与审核原始凭证、填制与审核记账凭证、设置账簿、登记账簿、更正错账、账项调整、对账、结账、编制报表、会计档案管理、会计职业道德的系统专业知识，全面提高学生的专业素养，为后续财务报表分析、内部控制、审计学等课程关于财务信息流转的理解打下扎实的专业基础。

本实验教程的业务设计完全遵照了《企业会计准则》《企业内部控制基本规范》《会计基础工作规范》《会计法》《税法》等的最新规定，同时符合基础会计教学内容的要求。

本实验教学的特色在于：

1. 划分了实验模块，明确了每一模块的教学内容，便于教师灵活组织教学。

2. 提供了详细的实验指导，便于教师统一教学要求，也便于学生快速掌握实验要领。

3. 设计了会计职业道德案例分析模块，帮助学生从会计入门课程开始树立牢固的职业道德观念。

4. 适应会计职业高度国际化的需要。本实验内容以外商投资的生产型股份有限公司为背景，同时提供了中文版和英文版的实验资料(账表及自制凭证部分)，便于教师结合本校实际需要进行取舍，以使实验环节更好地贴近国际化人才培养的需要。

本书为上海高等学校一流本科建设引领计划项目教材。本书已第三次出版。本书再版过程中，增加了更多的实验提示，以方便教学。再版过程中，得到了上海财经大学出版社的大力支持，并由上海对外经贸大学课程思政教育教学改革建设项目资助出版，在此一并致谢！

实验教学涉及多项教学，内容综合并相互关联。书中不妥之处，欢迎师生来信切磋交流！

编者处备有本实验教学PPT、教学视频及教学答案，需要的教师请提供教学证明并来信索取。教学资源恕不提供给学生。编者的联系方式是：wellany@163.com。

邬展霞

2021年7月于上海

目 录

第一章　课程说明

一、实验目的

基础会计模拟实验教程是为提高会计专业学生的专业素质和核算技能而设置的实践环节。本实验可单独作为专业实践教学环节，也可结合专业课程进行，一般需在修完会计专业的专业基础课后安排学习。

开展会计模拟实验的教学目的是：

(1)实现课堂理论教学与实践教学的有效结合。在会计实验的仿真模拟环境中，学生将根据实验内容的要求，自己动手，亲历从填制原始凭证、编制记账凭证、登记账簿到编制会计报表的全过程。这直接提高了学生的实际业务能力，加深了学生对会计基础理论的理解，为后续课程的学习奠定了良好的基础。

(2)成为会计信息系统学习的有益补充。会计信息化已经在企业中得到全面普及，但信息化的会计软件无法让学生观察和体会到财务信息在企业内部的流转与循环，本模拟教学课程可以为后续财务报表分析、审计学、内部控制等课程的深入学习带来帮助，并为学生的职业进阶打下扎实的实践基础。

(3)分会计岗位模拟，强化学生岗位职责意识。按照现代企业制度对会计职业岗位的要求，在模拟实验中设计了财务总监、出纳、总账会计、成本会计、往来会计等职业岗位，通过让学生分岗位进行实验，进一步让学生体会不同"会计"岗位的工作职责，开阔学生的专业视角，增强对未来不同工作岗位的适应性，奠定内部控制的基本素质。

(4)提高学生的实务应对能力。本实验教程的部分附件是可变附件。教师可以按照自己的教学需要改变业务内容，使实验教学更符合教师教学目标的需要。

(5)加强职业道德教育。在实验中针对财会工作者常见的工作情形，提供了五个案例供同学们讨论学习，探讨财会工作者应当掌握的职业素养，从而在实验中培养同学们的道德情操，加强立德树人的职业素质教育。

二、教学组织

会计实验的教学组织，可采用混岗教学和分岗教学两种模式。

1.混岗教学

混岗教学模式要求每一位学生单独完成全部会计模拟实验内容。这种运作方式的优点是：可以让学生在整个实验过程中，对各项专业技能得到系统、全面的掌握；同时便于组织学生集中实习。其缺点是：不能使学生感受到实际工作中会计机构各岗位的业务分工和内部牵制制度以及会计凭证在各岗位之间的传递过程。

2.分岗教学

分岗教学，首先要对学生分组，然后在组内按照会计机构的不同岗位分工进行分岗操作，同时安排岗位轮换。其优点是:学生能在实习过程中,切身体会各会计岗位的基本职责,掌握各类经济业务的账务处理过程,熟悉单据及凭证的传递程序和方式。但是,这种方式在实验过程中组织难度较大。

也可以在混岗教学中,指定部分业务的分岗训练。

三、实验要求

本模拟实验教程中的经济业务均以上海鹏飞塑料制品股份有限公司 12 月份的资料为内容[①],共安排了 46 笔会计核算经济业务;同时,涵盖了鹏飞公司的五项会计岗位分工;实验中提供了大量丰富的原始材料,创设了完全仿真的模拟环境;同时提供了相应的实验要点,便于教师在实验中指导学生。

本实验的总体要求是,在混岗或分岗模式下,针对实验中提供的年度和月份数据,填制原始凭证,编制记账凭证,建立明细分类账、日记账,做出科目汇总表,并据以登记总分类账,编制资产负债表、所有者权益变动表、利润表、现金流量表。

① 年份可依照教学的实际年份灵活指定。

第二章　岗位设置、内控要求与会计核算方法

一、会计机构工作岗位设置及相关职责

按照企业内部控制基本规范的要求，结合《会计基础工作规范》，根据上海鹏飞塑料制品股份有限公司会计业务的需要，建立会计工作岗位责任制，明确各岗位职责，并执行工作岗位定期轮换制。实验企业会计机构内设五个岗位，分别为财务总监、出纳、总账会计、往来会计、成本会计。各岗位及其职责描述如下：

1. 财务总监岗位职责

(1)组织制定、贯彻执行本单位的财务会计制度，执行国家有关财会法规；

(2)负责具体组织公司各项财务管理工作；

(3)组织编制本单位的各项财务预算与决算，并监督执行；

(4)审查或参与拟订经济合同、协议及其他经济文件；

(5)编制资产负债表、利润表、现金流量表及报表附注，编写财务报表分析报告；

(6)稽核记账凭证。

2. 出纳岗位职责

(1)办理现金收付和银行结算业务；

(2)登记现金日记账和银行存款日记账；

(3)登记其他货币资金明细账；

(4)保管库存现金和各种有价证券；

(5)保管预留银行印鉴章中的公司财务章；

(6)保管空白支票和空白发票、收据，负责填制支票、发票使用登记表；

(7)负责国税和地税的申报及税款解缴工作；

(8)负责审核、汇总、提现和发放工资。

3. 总账会计岗位职责

(1)负责无形资产增加、减少及摊销的明细核算；

(2)负责利润分配的核算，负责投资、筹资业务的核算并登记相关账户的明细账；

(3)负责损益结转的核算；

(4)负责编制科目汇总表，登记总账；

(5)负责编制银行存款余额调节表；

(6)负责纳税申报表的稽核；

(7)保管预留银行印鉴章中的公司法定代表人私章；

(8)负责会计档案管理；

(9)参与编制固定资产更新改造和大修理计划；

(10)协助对财产物资的清点。

4.往来会计岗位职责

(1)正确核算收入及各项税费。

(2)填制往来、收入、税费业务记账凭证,并登记往来、收入及税费明细账。

(3)配合有关部门保证收入款项的及时回笼;收入款项被拒付时,要通知和督促有关部门及时处理,督促责任部门或人员及时清收应收款项,办理收付款项的手续。

(4)负责与债权、债务人核对往来账目,保证双方账面数额一致。

(5)建立债务人资信档案,对债务人的资信情况进行管理。

(6)对确实无法收回的应收款项和不能支付的应付款项,应查明原因,依照相关制度进行及时的处理。

(7)定期为管理部门提供债权、债务管理的系统信息。

(8)负责纳税申报表的填制工作。

(9)负责固定资产增加、减少业务的明细核算,并填制固定资产卡片,按月正确计提固定资产折旧,按照制度组织固定资产清查工作。

5.成本会计岗位职责

(1)编制材料物资的采购计划;

(2)制定材料物资消耗定额,拟订成本核算办法;

(3)制定成本及费用计划;

(4)按照规定的成本、费用开支范围和标准,审核成本费用等原始凭证的合法性、合理性和真实性,填制相关记账凭证;

(5)审核各项存货购进的原始凭证,填制相关记账凭证,并登记明细账;

(6)负责工资的明细核算,负责工资费用分配的核算,计提应付福利费和工会经费;

(7)参与材料物资的清查盘点。

6.明细账登记工作分工情况(见表1.1)

表1.1 明细账登记工作分工情况表

岗 位	分管账户
出纳	库存现金、银行存款、其他货币资金
总账会计	交易性金融资产、应收股利、应收利息、长期股权投资、长期股权投资减值准备、无形资产、累计摊销、短期借款、长期借款、应付股利、股本、资本公积、盈余公积、本年利润、利润分配、公允价值变动损益、投资收益、所得税费用、以前年度损益调整
往来会计	应收票据、应收账款、预付账款、其他应收款、坏账准备、固定资产、累计折旧、固定资产减值准备、在建工程、工程物资、固定资产清理、应付票据、应付账款、预收账款、应交税费、其他应付款、长期借款、预计负债、主营业务收入、其他业务收入、主营业务成本、其他业务成本、营业税金及附加、营业外支出
成本会计	在途物资、原材料、库存商品、发出商品、委托加工物资、周转材料、存货跌价准备、待处理财产损溢、应付职工薪酬、生产成本、制造费用、销售费用、管理费用、财务费用

二、内部控制规范要求

(1)鉴章的管理应严格有效。不能由同一个人保管空白支票及所有预留银行印鉴章。出纳保管空白支票和预留银行印鉴章中的公司财务章;总账会计保管预留银行印鉴章的公司法定代表人私章。资金业务的不相容岗位应相互分离。签发支票应由出纳和总账会计共同办理，出纳填写支票，总账会计稽核。

(2)出纳必须严格按照国家有关现金管理和银行结算制度及公司财务制度的规定，根据审核后的收付款记账凭证，复核所附原始凭证的张数、金额是否与记账凭证相符，确认无误后才予办理，并在收付款记账凭证上加盖“收讫”“付讫”戳记。其中，现金收、付款记账凭证加盖“现金收(付)讫”戳记，银行存款收付款记账凭证加盖“收(付)讫”戳记，并及时登记库存现金和银行存款日记账。

(3)库存现金不得超过 5 天的日常报销限额，超过限额的现金要及时送存银行，不能以“白条”抵充现金，不得坐支现金，更不能挪用现金。不属于现金开支范围或超过现金开支限额的业务应当通过银行办理转账结算。出纳员每天下午下班前应清点现金，并与现金日记账核对相符，财务总监应不定期抽查；每月末应进行现金盘点，由财务总监、总账会计和出纳共同参与，确保现金账面余额与实际库存相符。

(4)建立支票领用登记簿，同时也要对其他银行票据建立登记簿制度，对于填写错误的支票必须加盖“作废”戳记，与存根一起保存，按规定缴销。对收取的重要票据，应留有复印件并妥善保管；不得跳号开具票据，不得随意开具印章齐全的空白支票。

(5)发票统一由总账会计填制，出纳登记发票使用登记表；发票的填制必须按税务机关规定及发票内容详细填列，如填写错误，应将发票一式多联同时作废，并妥善保管。填制发票时，应执行下列程序：

①检查是否存在销售部门审批的销售单和库房签字的装运凭证，并且内容一致；

②应依据已授权的价目表或销售合同开具发票；

③检查销售发票计价和计算的正确性。

(6)现金日记账和银行存款日记账应每月与银行对账单和总账核对，由总账会计编制银行存款余额调节表。

(7)因采购业务付款的，财务部门应根据合同协议、发票等付款申请进行复核和批准后，办理付款。

(8)企业应当对入库存货的质量、数量、技术规格等方面进行检查和验收，保证存货符合采购要求。

(9)成本会计对存货资产采用“数量金额式”明细账页登记，并于每月结账日及时结算出各类存货资产的结存数量和金额，以便与库管人员核对。

(10)由总账会计按照固定资产类别、名称、规格型号、使用部门和存放地点统一编号，编制固定资产目录，并进行明细核算。每台固定资产填制一张固定资产卡片，固定资产处置时，卡片同时注销。

(11)对于赊销业务中由于债务人破产、死亡等原因无法收回的款项，应由销售部门配合财务部门查明原因，积极获取充足的证据。若有确凿证据证明某项货款再也无法收回时，应由总经理、财务总监审批，核销该笔货款，由往来会计及时进行相应处理。

(12)所有会计人员编制的记账凭证都应该由财务总监进行稽核。

(13)购进存货时，成本会计独立检查请购单、购货发票、验收单是否一应俱全，并且内容一致，然后在购货发票上加盖“符合”戳记，再据以入账。

(14)销售货物时，往来会计独立检查销售单、货物装运单、托收凭证等是否内容一致，并在销售单上加盖“符合”戳记，总账会计稽核后开具销售发票，往来会计据以入账。

(15)购进固定资产业务，应由总账会计独立检查固定资产预算、卖方发票、验收单等，核对一致后在发票上加盖“符合”戳记，再据以入账。

(16)财务总监必须参与对外投资项目决策、筹资决策、债务重组、资产置换等重大经济业务活动的全过程。

三、会计核算方法——科目汇总表核算形式

本实验中采用的是科目汇总表核算形式。

科目汇总表核算形式又称记账凭证汇总表核算形式，其主要特点是定期将各种记账凭证上的金额按照会计科目进行汇总，然后根据科目汇总表登记总分类账的一种会计核算形式。在科目汇总表核算形式下，记账凭证可以采用收款凭证、付款凭证和转账凭证。

采用科目汇总表核算形式的工作步骤如图 1.1 所示。

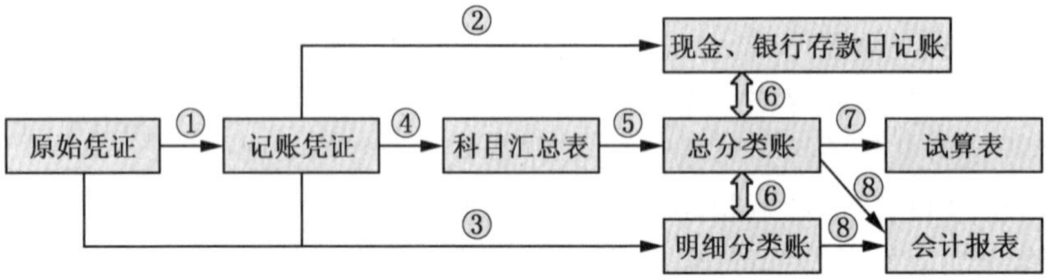

图 1.1 采用科目汇总表核算形式的工作步骤

图中标号说明如下：

①根据原始凭证或原始凭证汇总表编制收款凭证、付款凭证和转账凭证。

②根据收款凭证、付款凭证登记现金日记账和银行存款日记账。

③根据原始凭证、汇总原始凭证和记账凭证，登记各种明细分类账。

④根据收款凭证、付款凭证、转账凭证通过“T”字账户定期编制科目汇总表。

⑤根据科目汇总表登记总分类账。

⑥现金日记账、银行存款日记账和明细账分别与总分类账定期核对。

⑦⑧根据总分类账和有关明细账编制会计报表。

第三章　实验资料

第一节　会计主体基本情况及核算制度

一、企业概况

1. 企业名称:上海鹏飞塑料制品股份有限公司
2. 性质:中外合资经营股份有限责任公司,一般纳税人,共发行非流通股票1 000万股
3. 经营范围:生产和销售百叶窗、壁板
4. 开户银行:工商银行上海市分行杨浦支行
5. 账号:888888
6. 纳税人识别号:310115123456789
7. 生产、管理及服务机构:
(1)一个基本生产车间:100人。
(2)一个辅助生产车间:机修车间20人。
(3)管理部门:办公室5人,供应部8人(其中仓库4人),财务部6人。
(4)医务所2人。
8. 财务部的岗位设置:
财务总监:李弘达
总账会计:伍爱利
往来会计:游德立
出纳:文静
成本会计:赵燕
(分岗实验中,财务部岗位人员可按实验学生实名设置)
9. 法人代表:董事长王爱华
10. 联系方式:地址:上海市文达路100号;电话:69786520

二、企业会计政策及会计核算办法

1. 适用于《企业会计准则(2006)》。
2. 采用科目汇总表核算形式,每半月汇总一次,汇总后即登记总账。
3. 库存现金限额为6 000元。
4. 采用一次报销备用金制度。
5. 所有材料及包装物、低值易耗品均采用实际成本计价。发出包装物的成本按先进先出法计算。领用低值易耗品采用一次摊销法。

6. 采用直线法计提折旧。生产用房屋月折旧率为0.8%，机器月折旧率为1%，非生产用固定资产月折旧率为0.4%。

7. 采用计时工资制。按当月应付工资数进行分配，并作为计提福利费、工会经费、教育经费的基数。

8. 坏账准备按应收账款的5‰计提，其他应收款也属于计提坏账准备范围。

9. 发出产品成本用先进先出法计算。

10. 适用企业所得税税率25%。

第二节 会计事项及账务资料

某年，企业的会计事项及账务资料如下：

一、11月30日各总分类账户余额

11月30日各总分类账户余额见表2.1。

表2.1 **总分类账户余额** 单位：元

General Ledger Monetary Unit：Yuan

科目名称 Items	借方金额 Debit	科目名称 Items	贷方金额 Credit
库存现金 Cash on Hand	7 800.00	短期借款 Short-term Loans	449 000.00
银行存款 Cash in Bank	2 447 600.00	应付账款 Accounts Payable	450 000.00
交易性金融资产 Trading Financial Assets	480 000.00	应付职工薪酬 Employee Compensation Payable	11 715.00
应收票据 Notes Receivable	18 000.00	应交税费 Taxes Payable	−250 000.00
应收账款 Accounts Receivable	1 270 000.00	长期借款 Long-term Loans	300 000.00
其他应收款 Other Receivable	11 000.00	股本 Capital Stock	5 500 000.00
坏账准备 Allowance for Doubtful Accounts	−6 405.00	资本公积 Capital Reserves	62 000.00
原材料 Materials and Suppliers	680 000.00	盈余公积 Surplus Reserve	138 000.00
低值易耗品 Low-value Consumption Goods	5 000.00		
库存商品 Goods on Hand	395 000.00	本年利润 Current Year Profit	1 246 280.00
长期股权投资 Long-term Investments in Stock Ownership	500 000.00		
固定资产 Fixed Assets	1 920 000.00		
累计折旧 Accumulated Depreciation	−360 000.00		
在建工程 Construction in Progress	432 000.00		
无形资产 Intangible Assets	120 000.00		

续表

科目名称 Items	借方金额 Debit	科目名称 Items	贷方金额 Credit
累计摊销 Accumulated Amortization	－13 000.00		
合　计 Total	7 906 995.00	合计 Total	7 906 995.00

二、11 月 30 日各明细分类账户余额

11 月 30 日各明细分类账户余额见表 2.2。

表 2.2　　**明细分类账户余额**　　单位:元

Subsidiary Ledger　　Monetary Unit: Yuan

科目名称 Items	明细账 Sub. Ledger	数量 Quantity	单价 Price	借方金额 Debit	科目名称 Items	明细账 Sub. Ledger	贷方金额 Credit
应收票据 Notes Receivable	永安公司 Yongan Co.			18 000.00	短期借款 Short-term Loans	市工商银行 ICBC	449 000.00
应收账款 Accounts Receivable	振兴公司 Zhenxing Co.			10 000.00	应付账款 Accounts Payable	广发公司 Guangfa Co.	200 000.00
	甘美公司 Ganmei Co.			1 050 000.00		泛成公司 Fancheng Co.	250 000.00
	富华公司 Fuhua Co.			10 000.00	应付职工薪酬 Employee Compensation Payable	职工福利 Employee's Walfare Funds	11 715.00
	新华公司 Xinhua Co.			200 000.00	应交税费 Taxes Payable	应交所得税 Income Tax Payable	－250 000.00
原材料 Materials and Suppliers	聚氯乙烯 PVC	1 550 千克	100	155 000.00	长期借款 Long-term Loans	市建设银行 CCB	300 000.00
	碳酸钙 $CaCO_3$	2 500 千克	210	525 000.00	股本 Capital Stock	国家股本 State Shares	3 240 000.00
低值易耗品 Low-value Consumption Goods	劳动防护手套 Protective Gloves	100 件	50	5 000.00		Edwards 公司 Edwards's Shares	2 260 000.00
库存商品 Goods in Stock	百叶窗 Blinds	125 件	1 480	185 000.00	盈余公积 Surplus Reserve	储备基金 Reserve Fund	138 000.00
	壁板 Wainscoting	75 件	2 800	210 000.00			
其他应收款 Other Receivable	存出保证金 Refundable Deposits			10 000.00			
	家属医保费 Medical Expenses for Families			1 000.00			
长期股权投资 Long-term Investments in Stock Ownership	大华公司股票 Dahua's Stock			500 000.00			
无形资产 Intangible Assets	专利权 Patents			120 000.00			
固定资产 Fixed Assets	车间厂房 Workshop Plants			900 000.00			
	车间机器 Workshop Machines			650 000.00			
	机修车间厂房 Repair Workshop Plants			140 000.00			
	机修车间机器 Repair Workshop Machines			50 000.00			
	非生产用固定资产 Nonproductive			180 000.00			

三、11 月 30 日“本年利润”科目中各转入数据的累计数

11 月 30 日“本年利润”科目中各转入数据的累计数见表 2.3。

表 2.3 “本年利润”科目中各转入数据的累计数 单位:元

Acc. Amount from “Current Year Profit” Monetary Unit: Yuan

科目名称 Items	借方发生额合计 Acc. Debit	科目名称 Items	贷方发生额合计 Acc. Credit
主营业务成本 Cost of Main Operation	2 200 000	主营业务收入 Income from Main Operation	5 450 000
其他业务成本 Other Business Expenditures	80 000	其他业务收入 Other Income	157 000
税金及附加 Operating Taxes	51 000		
销售费用 Sales Expense	300 000	公允价值变动损益 Changes of Fair Value of Assets	80 000
管理费用 Administrative Expense	1 800 000	营业外收入 Income from Non-operating Activites	11 600
财务费用 Financial Expense	16 000		
资产减值损失 Loss of Impairment of Assets	320		
营业外支出 Expense from Non-operating Activities	5 000		

四、1～11 月现金流量表

1～11 月现金流量表见表 2.4。

表 2.4 现金流量表

CASH FLOW STATEMENT

1～11 月 单位:元

For the Month Jan. —Nov. Monetary Unit: Yuan

项目 Items	金额 Amount	项目 Items	金额 Amount
一、经营活动产生的现金流量 1. Cash Flow from Operating Activities		补充资料 Supplementary Schedule	
销售商品、提供劳务收到的现金 Cash from Selling Commodities or Offering Labor	5 230 150.00	1. 将净利润调节为经营活动现金流量 1. Convert Net Profit to Cash Flow From Operating Activities	
收到的税费返还 Refund of Tax and Fee Received		净利润 Net Profit	1 246 280.00
收到的其他与经营活动有关的现金 Other Cash Received Related to Operating Activities	203 627.44	计提的资产减值准备 Provision for Asset Losses	
现金流入小计 Cash Inflow Subtotal	5 433 777.44	固定资产折旧 Depreciation for Fixed Assets	190 000.00
购买商品、接受劳务支付的现金 Cash Paid for Commodities or Labor	2 005 923.20	无形资产摊销 Amortization of Intangible Assets	11 000.00
支付给职工以及为职工支付的现金 Cash Paid to and for Employees	686 900.00	长期待摊费用摊销 Amortization of Long-term Deferred Expenses	

续表

项目 Items	金额 Amount	项目 Items	金额 Amount
支付的各项税费 Taxes and Fees Paid	1 110 376.80	处理固定资产、无形资产和其他长期资产的损失(收益以"－"号填列) Loss of Disposing Fixed Assets, Intangible Assets and Other Long-term Assets	
支付的其他与经营活动有关的现金 Other Cash Paid Related to Operating Activities	1 141 477.44	固定资产报废损失(收益以"－"号填列) Scrap Loss of Fixed Assets	
现金流出小计 Cash Outflow, Subtotal	4 944 677.44	公允价值变动损益(收益以"－"号填列) Profit and Losses on the Changes in Fair Value	－80 000.00
经营活动产生的现金流量净额 Cash Flow Generated from Operating Activities, Net Amount	489 100.00	财务费用 Financial Expenses	95 240.00
二、投资活动产生的现金流量 2. Cash Flow from Investing Activities		投资损失(收益以"－"号填列) Investment Losses	
收回投资所收到的现金 Cash from Investment Withdrawal		递延所得税资产减少(增加以"－"号填列) Decrease of Deferred Income Tax Assets	
取得投资收益所收到的现金 Cash from Investment Income	11 000.00	递延所得税负债增加(减少以"－"号填列) Increase of Deferred Income Tax Liquities	
处置固定资产、无形资产和其他长期资产所收回的现金净额 Net Cash From Disposing Fixed Assets, Intangible Assets and Other Long-term Assets		存货的减少(增加以"－"号填列) Decrease of Inventories	－242 000.00
处置子公司及其他营业单位收到的现金 Net Cash Received from the Disposal of Subsidiaries and Other Business Entities		经营性应收项目的减少(增加以"－"号填列) Decrease of Operation Receivables	－1 286 991.00
收到的其他与投资活动有关的现金 Other Cash Received Related to Investing Activities		经营性应付项目的增加(减少以"－"号填列) Increase of Operation Payables	－436 125.00
现金流入小计 Cash Inflow, Subtotal	11 000.00	其他 Others	991 696.00
购建固定资产、无形资产和其他长期资产所支付的现金 Cash Paid for Buying Fixed Assets, Intangible Assets and Other Long-term Investments	502 000.00	经营活动产生的现金流量净额 Net Cash from Operating Activities	489 100.00
投资所支付的现金 Cash Paid for Investments	20 000.00		
取得子公司及其他经营单位支付的现金净额 Net Cash Paid for the Acquisition of Subsidiaries and Other Business Entities			
支付的其他与投资活动有关的现金 Other Cash Paid Related to Investing Activities			

续表

项目 Items	金额 Amount	项目 Items	金额 Amount
现金流出小计 Cash Outflow, Subtotal	522 000. 00	2. 不涉及现金收支的投资和筹资活动 2. Investing and Financing Activities not Involved in Cash	
投资活动产生的现金流量净额 Cash Flow Generated from Investing Activities, Net Amount	−511 000. 00	债务转为资本 Debts Converted to Capital	
三、筹资活动产生的现金流量 3. Cash Flow from Financing Activities		一年内到期的可转换公司债券 Convertible Bond Maturity within One Year	
吸收投资所收到的现金 Cash Received from Accepting Investment	1 150 000. 00	融资租入固定资产 Leased Fixed Assets	
借款所收到的现金 Borrowings			
收到的其他与筹资活动有关的现金 Other Cash Received Related to Financing Activities			
现金流入小计 Cash Inflow, Subtotal	1 150 000. 00		
偿还债务所支付的现金 Cash Paid for Debt	482 460. 00	3. 现金及现金等价物净增加情况 3. Net Increase of Cash and Cash Equivalents	
分配股利、利润或偿付利息所支付的现金 Cash Paid for Dividend, Profit or Interest	95 240. 00	现金的期末余额 Cash, Ending	2 455 400. 00
支付的其他与筹资活动有关的现金 Other Cash Paid Related to Financing Activities		减:现金的期初余额 Less: Cash, Beginning	1 905 000. 00
现金流出小计 Cash Outflow, Subtotal	577 700. 00	加:现金等价物的期末余额 Plus: Cash Equivalents, Ending	
筹资活动产生的现金流量净额 Cash Flow from Financing Activities, Net Amount	572 300. 00	减:现金等价物的期初余额 Less: Cash Equivalents, Beginning	
四、汇率变动对现金的影响 4. Foreign Currency Translation Gains (Losses)		现金及现金等价物的净增加额 Net Increase of Cash and Cash Equivalents	550 400. 00
五、现金及现金等价物净增加额 5. Net Increase of Cash and Cash Equivalents	550 400. 00		
加:期初现金及现金等价物余额 Plus: Cash & Cash Equivalents, Beginning	1 905 000. 00		
六、期末现金及现金等价物余额 6. Cash & Cash Equivalents, Ending	2 955 400. 00		

五、1～11 月所有者权益变动说明

1. 5 月 20 日向股东分配现金股利 200 000 元；

2. 7 月 15 日东兴公司投入 1 212 000 元，其中，1 150 000 元确认为“股本”，62 000 元确认为“资本公积(股本溢价)”。

六、其他会计资料

1. 年初各总分类账户余额见表 2.5。

表 2.5 **年初总分类账户余额** 单位:元

General Ledger Monetary Unit: Yuan

科目名称 Items	借方金额 Debit	科目名称 Items	贷方金额 Credit
库存现金 Cash on Hand	5 000.00	短期借款 Short-term Loans	764 260.00
银行存款 Cash in Bank	1 900 000.00	应付账款 Accounts Payable	600 000.00
交易性金融资产 Trading Financial Assets	400 000.00	应交税费 Taxes Payable	47 840.00
应收票据 Notes Receivable	12 000.00	长期借款 Long-term Loans	467 200.00
应收账款 Accounts Receivable	1 140 000.00	股本 Capital Stock	4 350 000.00
坏账准备 Allowance for Doubtful Accounts	−5 700.00	盈余公积 Surplus Reserve	138 000.00
原材料 Materials and Suppliers	554 000.00	未分配利润 Retained Earnings	200 000.00
库存商品 Goods on Hand	284 000.00		
长期股权投资 Long-term Investments in Stock Ownership	480 000.00		
固定资产 Fixed Assets	1 850 000.00		
累计折旧 Accumulated Depreciation	−170 000.00		
无形资产: Intangible Assets	120 000.00		
累计摊销 Accumulated Amortization	−2 000.00		
合计 Total	6 567 300.00	合计 Total	6 567 300.00

2. 上年度利润表资料见表 2.6。

表 2.6 **上年度利润表账户发生额** 单位:元

Income Statement Monetary Unit: Yuan

项　目 Items	本期金额 Amount
一、营业收入 Revenues	5 690 000
减:营业成本 Cost of Sold Goods	2 450 000
税金及附加 Operating Taxes	40 000

续表

项　目 Items	本期金额 Amount
销售费用 Sales Expense	320 000
管理费用 Administrative Expense	2 000 000
财务费用 Financial Expense	20 000
资产减值损失 Loss of Impairment of Assets	5 000
加：公允价值变动收益(损失以“－”号填列) Add：changes of Fair Value of Assets	25 000
投资收益(损失以“－”号填列) Investment Income	40 000
其中：对联营企业和合营企业的投资收益 Include：Income from Associates	
二、营业利润(亏损以“－”号填列) Operating Profit	920 000
加：营业外收入 Add：Income from Non-operating Activites	15 000
减：营业外支出 Less：Expense from Non-operating Activites	9 000
其中：非流动资产处置损失 Include：Loss on Disposal of Non-current Assets	
三、利润总额(亏损总额以“－”号填列) Profit	926 000
减：所得税费用 Less：Income Tax	231 500
四、净利润(净亏损以“－”号填列) Net Profit	694 500
五、每股收益 Earning Per Share	
(一)基本每股收益 Basic Earning Per Share	0.0695
(二)稀释每股收益 Dilute Earning Per Share	

第四章　实验部分

实验一　复式记账法

一、实验目的

通过本实验，使学生掌握复式记账法(Double Entry)的方法。

二、实验要求

(1)根据会计准则(Accounting Standards)的科目要求，判断下列交易和事项所涉及的会计科目(Accounting Title)；

(2)根据复式记账法的要求，编制(Journalizing)下列交易和事项的会计分录(Accounting Entry)。

三、实验材料

本年12月发生以下交易和事项：

(1)1日，将超限额库存现金1 800元送存银行。(附件1)

(2)2日，向清江市物资公司购入聚氯乙烯2 000千克，单价90元，增值税税率13%，用电汇方式支付货款。清江市物资公司开户行：清江市工商银行；账号：222333。(附件2、3、4)

业务流程：

成本会计独立检查请购单、购货发票，并与库房转来的入库单核对一致，在购货发票上加盖“符合”戳记，并填制记账凭证→财务总监审核并批准付款，稽核记账凭证→出纳在记账凭证上加盖“付讫”戳记，并登记银行存款日记账→成本会计登记物资明细账→总账会计(月末登记总账)。

(3)2 日,向清江市贸易公司购入碳酸钙 800 千克,单价 220 元,增值税税率 13%,款项暂欠。(附件 5、6)

业务流程:

成本会计独立检查请购单、购货发票,并与库房转来的入库单核对一致→在购货发票上加盖“符合”戳记,并填制记账凭证→财务总监稽核→成本会计登记物资明细账→往来会计登记税费明细账→总账会计(月末登记总账)。

(4)2 日,用现金支付聚氯乙烯、碳酸钙运费 840 元,按材料重量分配,材料验收入库。(附件 7、8)

业务流程:

成本会计审核原始凭证并填制记账凭证→财务总监稽核,并批准付款→出纳在记账凭证上加盖“付讫”戳记,同时登记库存现金日记账→成本会计登记物资明细账→总账会计(月末登记总账)。

(5)3 日,向银行申请办理银行承兑汇票并承兑,票面金额 200 000 元,用于清偿广发公司货款,期限 3 个月,按票面金额的 2‰缴纳手续费。(附件 9、10)

业务流程:

总账会计审核原始凭证并填制记账凭证→财务总监审核承兑协议并稽核→出纳登记银行存款日记账及其他货币资金明细账→成本会计登记费用明细账→总账会计(月末登记总账)。

(6)3 日,将银行承兑汇票交给广发公司,抵付前欠货款。广发公司开户行:工商银行上海市分行;账号:333444。(附件 11、12、13)

业务流程:

财务总监审核→出纳登记其他货币资金明细账→往来会计登记明细账。

(7)3 日，采购员张明借支差旅费 2 000 元，用现金支付。(附件 14)

业务流程：

往来会计审核原始凭证→填制记账凭证→财务总监稽核→出纳付款，并在记账凭证上加盖“付讫”戳记，登记库存现金日记账→往来会计登记明细账→总账会计(月末登记总账)。

(8)4 日，向山东机床厂购入设备 A 一台，单价 690 000 元，增值税税率 13%，运杂费 11 300 元(不可抵扣)，用支票支付，该设备投入安装。山东机床厂开户行：工行青云分理处；账号：3444555。(附件 15、16、17、18)

业务流程：

往来会计独立检查固定资产预算、卖方发票、运费发票、验收单等，核对一致后在发票上加盖“符合”戳记，填制记账凭证→财务总监稽核并批准付款→出纳登记银行存款日记账，并在记账凭证上加盖“付讫”戳记→往来会计登记固定资产明细账，并填制固定资产卡片→总账会计(月末登记总账)。

(9)5 日，领用聚氯乙烯 1 000 千克，用于生产百叶窗。(附件 19)

业务流程：

成本会计审核原始凭证，并填制记账凭证→财务总监稽核→成本会计登记物资及成本明细账→总账会计(月末登记总账)。

(10)5 日，领用碳酸钙 1 000 千克，用于生产壁板。(附件 20)

业务流程：

成本会计审核原始凭证，并填制记账凭证→财务总监稽核→成本会计登记物资及成本明细账→总账会计(月末登记总账)。

(11)6 日，机修车间领用防护手套 10 副。(附件 21)

业务流程：

成本会计审核原始凭证，并填制记账凭证→财务总监稽核→成本会计登记物资及成本明细账→总账会计（月末登记总账）。

（12）6 日，为支援山湖工厂让售聚氯乙烯 50 千克，单价 140 元，增值税税率 13%，款项未收。（附件 22）

业务流程：

往来会计独立检查销售部门转来的销售单据、库房转来的货物发运凭证，核对相符后在销售单据上加盖“符合”戳记→总账会计稽核后开具销售发票→出纳登记发票使用登记表→往来会计根据销售单、货物发运凭证、销售发票填制记账凭证→财务总监稽核→往来会计登记明细账→总账会计（月末登记总账）。

（13）6 日，结转已售聚氯乙烯成本。（附件 23）

业务流程：

往来会计审核原始凭证，填制记账凭证→财务总监稽核→往来会计登记明细账→总账会计（月末登记总账）。

（14）8 日，开出支票交给上海市第一安装公司，支付设备 A 安装费 23 400 元，该公司账号：595959；开户行：建行城南分理处。（附件 24、25）

业务流程：

往来会计审核原始凭证，填制记账凭证→财务总监稽核→出纳在记账凭证上加盖“付讫”戳记，登记银行存款日记账→往来会计登记明细账→总账会计（月末登记总账）。

（15）8 日，设备 A 安装完毕，交付车间使用。（附件 26）

业务流程：

往来会计审核原始凭证，填制记账凭证→财务总监稽核→往来会计登记明细账，并填制固定资产卡片→总账会计(月末登记总账)。

(16)10日，将款项10 000元汇往济南市工商银行，开立采购专户，以采购员刘明的姓名为户名。账号：332255。(附件27)

业务流程：

出纳审核原始凭证，填制记账凭证→财务总监稽核并批准→出纳在记账凭证上加盖“付讫”戳记，同时登记银行存款日记账及其他货币资金明细账→总账会计(月末登记总账)。

(17)10日，职工赵平报销医药费800元，以现金支付。(附件28)

业务流程：

经办人凭粘贴好并经过相关负责人签字的原始凭证(报销审批单、发票、办公用品领用表等)到财务部报账→成本会计审核凭证的真实性、合法性、合理性，编制记账凭证→财务总监稽核并批准付款→出纳复核记账凭证所附原始凭证张数及金额后支付现金，并在记账凭证上加盖“现金付讫”戳记，同时登记现金日记账→成本会计登记费用明细账→总账会计(月末登记总账)。

(18)13日，收到银行转来的电费付款通知，本月电费9 200元。经查电表确定：车间生产用电1 800度，其中百叶窗1 000度，壁板800度；照明用电200度；机修车间耗电2 000度，管理部门用电1 000度。(附件29、30、31、32)

业务流程：

成本会计审核原始凭证并填制记账凭证→财务总监稽核→出纳在记账凭证上加盖“付讫”戳记，同时登记银行存款日记账→成本会计登记明细账→总账会计(月末登记总账)。

(19)15 日，根据工资汇总表提取现金，并按工资计算表发放工资。同时分配工资，并按工资总额的 14%提取职工福利费。百叶窗耗用生产工人工时 600 工时，壁板耗用 400 工时。(附件 33、34、35、36)

业务流程：

成本会计填制工资及费用分配表、福利费计提表，填制记账凭证→财务总监稽核→成本会计登记明细账→总账会计(月末登记总账)。

出纳到银行提取现金，根据工资结算单发放工资，并要求领取工资的员工在工资结算单上签字→成本会计审核现金支票存根及工资结算单，根据现金支票存根、工资结算单分别填制记账凭证→财务总监稽核并批准付款→出纳在支付工资的记账凭证上加盖“现金付讫”戳记，登记现金及银行存款日记账→成本会计登记明细账→往来会计登记明细账→总账会计(月末登记总账)。①

(20)15 日，结转工资中的代扣款项。

业务流程：

往来会计审核原始凭证，填制记账凭证→财务总监稽核→往来会计登记明细账→总账会计(月末登记总账)。

(21)16 日，销售壁板 80 件给南昌市化工公司，单位售价 2 500 元，增值税税率 13%，用现金 900 元代垫运杂费，办妥托收手续。南昌市化工公司开户行：工行南昌市支行；账号：868586。(附件 37、38)

业务流程：

往来会计审核销售部门转来的销售单据、库房转来的货物发运凭证以及托收手续回单，核对相符后在销售单据上加盖“符合”戳记→总账会计稽核后开具销售发票→出纳登记发票使用登记表→往来会计根据销售单、货物发运凭证、托收手续回单、代垫运费转账支票存根联、银行进账单回单及销售发票记账联填制记账凭证→财务总监稽核→出纳登记，并在记账凭证上加盖“收讫”戳记，同时登记银行存款日记账→往来会计登记明细账 总账会计(月末登记总账)。

---

① 实务中大多数企业采用从银行账户直接发放工资的方式，本实验依然采取了传统的工资发放方式，以增进同学们对于资金流转的全面认识。

(22)16 日，销售百叶窗 90 件给新新公司，单位售价 4 000 元，增值税税率 13%，收到三个月期限的商业承兑汇票一张。该公司开户行：工行上海市分行；账号：8585840。(附件 39、40)

业务流程：

往来会计独立检查销售部门转来的销售单据、库房转来的货物发运凭证以及收到的商业承兑汇票，核时相符后在销售单据上加盖“符合”戳记→总账会计稽核后开具销售发票→出纳登记发票使用登记表→往来会计根据销售单、货物发运凭证、销售发票及商业承兑汇票填制记账凭证→财务总监稽核→往来会计登记明细账→总账会计(月末登记总账)。

(23)17 日，采购员张明返厂，报销差旅费 1 800 元，退回现金 200 元。(附件 41、42)

业务流程：

张明凭粘贴好并经相关负责人签字的原始凭证到财务部报账→成本会计审核原始凭证，从账簿上查阅张明预借差旅费金额，并根据企业差旅费报销制度填制记账凭证→财务总监稽核→出纳核对后收取张明退回的现金，并在记账凭证上加盖“现金收讫”戳记，登记现金日记账→成本会计登记费用明细账→往来会计登记往来明细账→总账会计(月末登记总账)。

(24)17 日，张明报销用济南采购专户款项采购的碳酸钙普通发票一张，价款 8 000 元，该材料 40 千克全部验收入库。(附件 43、44)

业务流程：

成本会计独立检查购货发票，并与库房转来的入库单核对一致，在购货发票上加盖“符合”戳记，并填制记账凭证→财务总监稽核→成本会计登记物资明细账→出纳登记其他货币资金明细账→总账会计(月末登记总账)。

(25)18 日，收到银行转来济南采购专户余款 2 000 元的收账通知。(附件 45)

业务流程：

出纳审核原始凭证，填制记账凭证→财务总监稽核→出纳在记账凭证上加盖“收讫”戳记，同时登记银行存款日记账→总账会计(月末登记总账)。

(26)19 日，永安公司一张面值为 18 000 元的商业承兑汇票到期，款项存入银行。永安公司账号:212121;开户行:工行上海市分行杨浦支行。(附件 46)

业务流程：

往来会计审核原始凭证，填制记账凭证→财务总监稽核→出纳登记银行存款日记账，并在记账凭证上加盖“收讫”戳记→往来会计登记明细账→总账会计(月末登记总账)。

(27)19 日，厂长办公室报销购宣传画用款 2 000 元，以现金支付。(附件 47)

业务流程：

成本会计审核原始凭证，填制记账凭证→财务总监稽核→出纳登记银行存款日记账，并在记账凭证上加盖“付讫”戳记→总账会计(月末登记总账)。

成本会计的分录误登记如下：

借:管理费用　　200

　　贷:库存现金　　200

(提示:该笔错误分录将在后续环节经差错更正程序予以调整。)

(28)20 日，经财产清查，发现聚氯乙烯盘盈 2 千克，车间盘亏机器一台，账面原价 80 000 元，已提折旧 76 000 元。应收账款中振兴公司货款逾期三年尚未归还。(附件 48)

业务流程：

成本会计根据财产清查报告单填制记账凭证→财务总监稽核→成本会计登记明细账→总账会计(月末登记总账)。

(29)20 日，接受光明公司投资转入聚氯乙烯 1 000 千克，@100 元，增值税税率 13%。(附件 49、50、51)

业务流程：

总账会计独立检查投资协议、资产评估报告、验资报告及工商变更登记资料、发票等，核对一致后填制记账凭证→财务总监稽核→总账会计登记实收资本明细账→成本会计登记物资明细账→往来会计登记税费明细账→总账会计(月末登记总账)。

(30)20日,接受光明公司投资转入电脑服务器一台。原账面价为50 000元,已提折旧10 000元,评估确认价为35 000元,交付厂部使用。(附件52)

业务流程:

总账会计独立检查投资协议、固定资产联营转移单、资产评估报告、验资报告及工商变更登记资料等,核对一致后填制记账凭证→财务总监稽核→往来会计登记固定资产明细账,并填制固定资产卡片→总账会计登记实收资本明细账→总账会计(月末登记总账)。

(31)22日,经厂务会议审批,盘亏机器损失作营业外支出,材料及包装物盘盈盘亏转入管理费用,三江公司欠款冲减坏账准备。(附件53)

业务流程:

往来会计根据财产清查报告单填制记账凭证→财务总监稽核→往来会计登记明细账,注销固定资产卡片→总账会计(月末登记总账)。

(32)24日,收到富华公司转来款项20 000元,其中归还前欠款10 000元,预付货款10 000元,富华公司开户行:工行青云分理处;账号:212127。(附件54)

业务流程:

往来会计审核原始凭证,填制记账凭证→财务总监稽核→出纳在记账凭证上加盖"收讫"戳记,同时登记银行存款日记账→往来会计登记明细账→总账会计(月末登记总账)。

(33)25日,银行通知本季存款利息2 000元。(附件55)

业务流程:

成本会计审核原始凭证,填制记账凭证→财务总监稽核→出纳登记银行存款日记账,并在记账凭证上加盖"收讫"戳记→成本会计登记明细账→总账会计(月末登记总账)。

(34)28 日,厂工会召开先进生产者表彰大会,用现金支付证书费 200 元。(附件 56)

业务流程:

成本会计审核原始凭证,填制记账凭证→财务总监稽核→出纳登记库存现金日记账,并在记账凭证上加盖"现金付讫"戳记→往来会计登记明细账→总账会计(月末登记总账)。

成本会计的分录如下:

借:销售费用　　200

　　贷:库存现金　　200

(提示:该笔分录将"管理费用"误记为"销售费用",后续经差错更正程序予以调整。)

(35)31 日,收到林山公司发来聚氯乙烯 500 千克,验收入库,账单尚未收到。(附件 57)

业务流程:

往来会计审核采购计划、采购合同,按照暂估价填制记账凭证→财务总监稽核→往来会计登记明细账→总账会计(月末登记总账)。

(36)31 日,接银行通知,本季借款利息 13 000 元,其中,短期借款利息 8 000 元,长期借款利息 5 000 元,该长期借款用于企业的新厂房建设,预计明年 2 月完工。(附件 58)

业务流程:

成本会计审核原始凭证填制记账凭证→财务总监稽核→出纳登记银行存款日记账,并在记账凭证上加盖"付讫"戳记→总账会计(月末登记总账)。

总账会计审核长期借款合同,计算长期借款利息,填制记账凭证→财务总监稽核,出纳在记账凭证上加盖"付讫"戳记,同时登记银行存款日记账→往来会计登记明细账→总账会计(月末登记总账)。

(提示:不考虑借款费用资本化问题。)

(37)31 日,用支票向上海蓝天广告公司支付广告费 3 000 元及税额。该公司开户行:工行上海市分行虹口支行;账号:888999。(附件 59、60)

业务流程:

成本会计审核原始凭证,填制记账凭证→财务总监稽核并批准付款→出纳登记银行存款日记账,并在记账凭证上加盖"付讫"戳记→总账会计(月末登记总账)。

实验二 填制与审核原始凭证

一、实验目的

通过本实验，使学生掌握原始凭证的基本内容、填制方法及审核方法。

二、实验要求

(1)根据基础会计工作规范要求，补充和正确填制原始凭证(Original Voucher)；
(2)根据基础会计工作规范要求，补充和正确审核原始凭证。

三、实验指导

1. 填制原始凭证的关键步骤

(1)原始凭证的内容。

必须具备凭证的名称、填制日期、填制凭证单位名称或者填制人姓名、经办人员的签名或盖章、接受凭证单位名称、经济业务内容、数量、单价和金额。

(2)原始凭证的条件。

从外单位取得的原始凭证，必须盖有填制单位的公章；从个人取得的原始凭证，必须有填制人员的签名或盖章。自制原始凭证，必须有经办单位领导人或者其指定人员的签名或盖章(Stamped)。对外开出的原始凭证，必须加盖本单位公章。

(3)购买业务的原始凭证。

凡填有大写和小写金额的原始凭证，大写与小写金额必须相符。购买实物的原始凭证，必须有验收证明。支付款项的原始凭证，必须有收款单位和收款人的收款证明。

(4)一式几联的原始凭证。

应当注明各联的用途，只能以一联作为报销凭证。

一式几联的发票和收据，必须用双面复写纸(发票和收据本身具备复写纸功能的除外)套写，并连续编号。作废时，应当加盖"作废"(Void)戳记，连同存根一起保存，不得销毁。

(5)发生销货退回。

除填制退货发票外，还必须有退货验收证明；退款时，必须取得对方的收款收据或者汇款银行的凭证，不得以退货发票(Invoice)代替收据(Receipt)。

(6)职工公出借款凭据。

必须附在记账凭证之后。收回借款时，应当另开收据或者退还借据副本，不得退还原借款收据(Receipt for a Loan)。

(7)经上级有关部门批准的经济业务。

应当将批准文件作为原始凭证附件。如果批准文件需要单独归档的，应当在凭证上注明批准机关名称、日期和文件字号。

原始凭证不得涂改、挖补。发现原始凭证有错误的，应当由开出单位重开或更正，更正处应当加盖开出单位的公章。

2. 原始凭证的审核要求

为了保证原始凭证内容的真实、正确，提高会计信息质量，充分发挥会计的监督作用，财会部门和经办业务部门必须对原始凭证进行严格的审核。审核的内容主要有以下三个方面：

(1)审核原始凭证的合法性。审核原始凭证所反映的经济业务是否符合有关政策、法律、制度、合同的规定，是否符合企业制定的有关规章、预算和计划的要求；审核有无违反规定的开支标准，有无弄虚作假、违法乱纪、贪污舞弊等行为。

(2)审核原始凭证的完整性。审核人员应该审核原始凭证是否具备作为合法凭证所具备的基本内容。填制的格式、内容以及手续是否符合规定的要求，各项目是否填写齐全，有关人员是否已签字、盖章。

(3)审核原始凭证的正确性。审核人员应该审核凭证上的经济内容摘要和数字计算是否正确，数量、单价、金额是否准确，大小写金额是否相符。

原始凭证的审核是一项重要而又细致的工作，对于不合法、不真实的原始凭证，会计人员应坚持原则，拒绝受理，并及时向单位领导报告。对于内容不全、数字不准、手续不齐的原始凭证应退回给有关经办人员，由其补充完整、更正错误或重开启后，再办理正式会计手续，只有审核无误的原始凭证，才能作为编制记账凭证的依据。

四、实验材料

会计事项及业务以及其对应的附件(Attachment)如下：

附件（Attachments）

附件 1

中国工商银行现金进账（交款）单 （银行现金收入凭证）

年 月 日 字第 号 **No.**

收款单位	全称				交款部门	全 称	
	开户银行		账号			经手人签 章	
款项来源					现金计划项 目		
人民币（大写）						千 百 十 万 千 百 十 元 角 分	
券别记录	100 元券__张 2 元券__张 1 角券__张 50 元券 __张 1 元券__张 5 分券__张（枚） 10 元券 __张 5 角券__张 2 分券__张（枚） 5 元券 __张 2 角券__张 1 分券__张（枚）				其中整把券共： ____把 ____元	会计分录： （贷）__ 对方科目（借）101 现金 会计记账员（章）：出纳收款员（章）： 复核员（章）： 复核员（章）： 年 月 日	

第三联：由经收银行盖章后退回单位

附件 2

四川省增值税专用发票

××××××××××

抵扣联 **No:**

开票日期： 年 月 日

购货单位	名 称：上海鹏飞塑料制品股份有限公司 纳税人识别号：310115123456789 地 址 、电 话：上海市文达路 100 号（69786520） 开户行及账号：工行上海市分行杨浦支行 888888				密码区		
货物或应税劳务名称	规格型号	单 位	数 量	单 价	金 额	税 率	税额
聚氯乙烯		千克	2 000	90. —	180 000. 00	13%	23 400. 00
合 计					¥180 000. 00		¥23 400. 00
价税合计（大写）	贰拾万叁仟肆佰元整 （小写）¥203 400. —						
销货单位	名 称：清江市物资公司 纳税人识别号：360100123456789 地 址 、电 话：清江市顺利路 100 号（4357692） 开户行及账号：清江工行顺利路分理处 222333				备注		

第二联：抵扣联 购货方扣税凭证

收款人：谢玉 复核：赵磊 开票人：程辉 销货单位：

提示：增值税发票的发票联，作为购买方核算采购成本和增值税进项税额的记账凭证；抵扣联，作为购买方报送主管税务机关认证和留存备查的凭证；记账联，作为销售方核算销售收入和销项税额的记账凭证。

附件 3

四川省增值税专用发票

××××××××××　　　　**发票联**　　　　**No:**

（印章：全国统一发票监制章 四川 国家税务总局监制）

开票日期：　年　月　日

购货单位	名　　称：上海鹏飞塑料制品股份有限公司 纳税人识别号：310115123456789 地 址 、电 话：上海市文达路 100 号(69786520) 开户行及账号：工行上海市分行杨浦支行 888888	密码区	

货物或应税劳务名称	规格型号	单 位	数 量	单 价	金　额	税 率	税额
聚氯乙烯		千克	2 000	90. —	180 000. 00	13%	23 400. 00
合　计					¥180 000. 00		¥23 400. 00
价税合计(大写)	贰拾万叁仟肆佰元整　　（小写）¥203 400. 00						

销货单位	名　　称：清江市物资公司 纳税人识别号：360100123456789 地 址 、电 话：清江市顺利路 100 号(4357692) 开户行及账号：清江工行顺利路分理处 222333	备注	

第三联：发票联　购货方记账凭证

收款人：谢玉　　　　复核：赵磊　　　　开票人：程辉　　　　销货单位：

（印章：四川省清江市物资公司 360100123456789 发票专用章）

附件 4

ICBC 中国工商银行

业务委托书 Application For Money Transfer　　豫B 00265926　　委托日期 Date　　年 Y　月 M　日 D

业务类型 Type	□现金汇款 Cash Remittance　□转账汇款 Transfer Remittance　□汇票申请书 D/D　□本票申请书 P/D　□其他 Others		
委托人 Principal　全　称 Full Name		收款人 Payee　全　称 Full Name	
账号或地址 Account No. or Addr.		账号或地址 Account No. or Addr.	
开户行名称 Account Bank Name		开户行名称 Account Bank Name	
汇款方式 Type of Remittance	□普通 Regular　□加急 Urgent　加急汇款签字 Signature For Urgent Payment ______	开户银行 Account Bank	省 Province　市 City
币种及金额（大写）Currency and Amount in Words		亿 千 百 十 万 千 百 十 元 角 分	
用途 In Payment of		支付密码 S.C	

委托人确认上列委托信息填写正确，且已完全理解和接受背面“客户须知”的内容，上列款项及相关费用请从委托人账户内支付。
The above information has been confirmed correctly, The notice has been fully understood and accepted . The above reliance and related charges will be drawn from the principal account.

委托人签章 Principal Signature and/or Stamp

银行填写 Bank Use	□联动收费　□非联动收费　□不收费	备注：Remarks

受理（受理）：　　　　审核：

正联 (2010) First Page　　210 × 150mm

ICBC 中国工商银行

业务委托书 回执 Application For Money Transfer Receipt

豫B 00265926

委托人全称 Name of Principal	
委托人账号 A/C of Principal	
收款人全称 Name of Payee	
收款人账号 A/C of Payee	
金额 Amount	
委托日期 Date	

此联为银行受理通知书。若委托人申请汇票或本票业务，应凭此联领取汇票或本票。
This paper is the bank acceptance advice. For client or promissory note application, please return this paper.

附件 5

四川省增值税专用发票

××××××××××　　　　**抵扣联**　　　　**No:**

开票日期：　　年　　月　　日

购货单位	名　　称：上海鹏飞塑料制品股份有限公司 纳税人识别号：310115123456789 地 址 、电 话：上海市文达路 100 号(69786520) 开户行及账号：工行上海市分行杨浦支行 888888				密码区		
货物或应税劳务名称	规格型号	单 位	数 量	单 价	金　额	税 率	税额
碳酸钙		千克	800	220. —	176 000.00	13%	22 880.00
合　计					￥176 000.00		￥22 880.00
价税合计(大写)	壹拾玖万捌仟捌佰捌拾元整				(小写)￥198 880. —		
销货单位	名　　称：清江市贸易公司 纳税人识别号：360100123456789 地 址 、电 话：清江市顺利路 100 号(4357872) 开户行及账号：清江工行顺利路分理处 222446				备注		

收款人：杜莉　　复核：程成　　开票人：张皓　　销货单位：

第二联：抵扣联　购货方扣税凭证

附件 6

四川省增值税专用发票

××××××××××　　　　**发票联**　　　　**No:**

开票日期：　　年　　月　　日

购货单位	名　　称：上海鹏飞塑料制品股份有限公司 纳税人识别号：310115123456789 地 址 、电 话：上海市文达路 100 号(69786520) 开户行及账号：工行上海市分行杨浦支行 888888				密码区		
货物或应税劳务名称	规格型号	单 位	数 量	单 价	金　额	税 率	税额
碳酸钙		千克	800	220. —	176 000.00	13%	22 880.00
合　计					￥176 000.00		￥22 880.00
价税合计(大写)	壹拾玖万捌仟捌佰捌拾元整				(小写)￥198 880. —		
销货单位	名　　称：清江市贸易公司 纳税人识别号：360100123456789 地 址 、电 话：清江市顺利路 100 号(4357872) 开户行及账号：清江工行顺利路分理处 222446				备注		

收款人：杜莉　　复核：程成　　开票人：张皓　　销货单位：

第三联：发票联　购货方记账凭证

附件 7

全国联运行业货运统一发票

发　票　联

开票日期　　年　月　日　　　　发票代码　251000410009
　　　　　　　　　　　　　　　　发票号码　00001005

机打代码 机打号码 机器编号	251000410009 00001005	密码区	
发货人名称	四川清江市物资公司、清江市贸易公司	运输费用	其他费用
纳税人识别号	360100123456789	项目及金额	项目及金额
收货人名称	上海鹏飞塑料制品股份有限公司	一、自备运输工具运输	仓储费　0.00
纳税人识别号	310115123456789	1 公路运费　840.00	包装整理费　0.00
发货站(港)　到站(港)　经由　中转 清江　上海		2 水路运费　0.00	装卸费　0.00 业务费　0.00 票签费　0.00 小计　0.00
货物名称　件数　计费重量　包装 材料　40　2 800　箱		二、代付运费	包干费　0.00
		1 铁路运费　0.00	垫付费用
		2 公路运费　0.00	项目及金额
		3 水路运费　0.00	保险费　0.00
		4 航空运费　0.00	邮寄费　0.00
		小计　840.00	小计　0.00
合计人民币(大写)	捌佰肆拾元整	¥840.00	
增值税税额		¥ 75.60	
价税合计(大写)	玖佰壹拾伍元陆角	(小写)¥915.60	
承运人名称 纳税人识别号	清江市运输公司 516100201900273	主管税务机关及代码	29000402

开票单位盖章　　开票人:胡民为　　收款人:胡民为　　手写无效

第三联：发票联　付款方记账凭证

（印章：全国统一发票监制章　四川　国家税务总局监制）

（印章：清江市运输公司　360100123456789　发票专用章）

附件 8

全国联运行业货运统一发票

抵　扣　联

开票日期　　年　月　日　　　　　　发票代码　251000410009
　　　　　　　　　　　　　　　　　发票号码　00001005

机打代码 机打号码 机器编号	251000410009 00001005	密码区	
发货人名称	四川清江市物资公司、清江市贸易公司	运 输 费 用	其 他 费 用
纳税人识别号	360100123456789	项目及金额	项目及金额
纳税人名称	上海鹏飞塑料制品股份有限公司	一、自备运输工具运输	仓储费　0.00
纳税人识别号	310115123456789	1 公路运费　840.00	包装整理费　0.00
发货站(港) 清江	到站(港) 上海　经由　中转	2 水路运费　0.00	装卸费　0.00
			业务费　0.00
			票签费　0.00
货物名称 材料	件数 40　计费重量 2 800　包装 箱		小计　0.00
		二、代付运费	包干费　0.00
		1 铁路运费　0.00	垫付费用
		2 公路运费　0.00	项目及金额
		3 水路运费　0.00	保险费　0.00
		4 航空运费　0.00	邮寄费　0.00
		小计　840.00	小计　0.00
合计人民币(大写)	捌佰肆拾元整	¥840.00	
增值税税额		¥ 75.60	
价税合计(大写)	玖佰壹拾伍元陆角	(小写)¥915.60	
承运人名称 纳税人识别号	清江市运输公司 516100201900273	主管税务机关及代码	29000402

开票单位盖章　　　开票人:胡民为　　　收款人:胡民为　　　手写无效

第二联：抵扣联　付款方留存

提示:一般纳税人外购货物所支付的运输费用,依发票所列运费金额(包含运费、建设基金)7%计算进项税额准予扣除,但随同运费所支付的装卸费、保险费等其他杂费不得计算扣除。

附件 9

银行承兑协议　1

编号：______________

银行承兑汇票的内容：

付款人全称________________　收款人全称________________

开 户 银 行________________　开 户 银 行________________

账　　　号________________　账　　　号________________

汇 票 号 码________________　汇 票 号 码(大写)________________

签 发 日 期______年__月__日　到期日期______年__月__日

以上汇票经承兑银行承兑，承兑申请人(下称申请人)愿遵守《银行结算办法》的规定及下列条款：

一、申请人于汇票到期日前将应付票款足额交存承兑银行。

二、承兑手续费按票面金额千分之(　)计算，在银行承兑时一次付清。

三、承兑汇票如发生任何交易纠纷，均由收付双方自行处理，票款于到期前仍按第一条办理不误。

四、承兑汇票到期日，承兑银行凭票无条件支付票款。如到期日之前申请人不能足额交付票款时，承兑银行对不足支付部分的票款作承兑申请人逾期贷款，并按照有关规定计收罚息。

五、承兑汇票款付清后，本协议始自动失效。

本协议第一、二联分别由承兑银行信贷部门和承兑申请人存执，协议副本由银行会计部门存查。

承兑银行________________(盖章)　承兑申请人________________(盖章)

订立承兑协议日期________年________月________日

注：本协议共印三联。在“银行承兑协议”之后，第二联加印 2，第三联加印(副本)字样。

附件 10

中国工商银行上海市分行特种转账传票

年　月　日　　第　　号

<table>
<tr><td rowspan="2">收款单位</td><td>全 称</td><td colspan="3">上海市分行</td><td rowspan="2">汇款单位</td><td>全 称</td><td colspan="3">上海鹏飞塑料制品股份有限公司</td></tr>
<tr><td>开 户 银 行</td><td></td><td>账 号</td><td></td><td>开 户 银 行</td><td>杨浦支行</td><td>账 号</td><td>888888</td></tr>
<tr><td colspan="7" rowspan="2">人民币
(大写)肆佰元整</td><td colspan="3">千 | 百 | 十 | 万 | 千 | 百 | 十 | 元 | 角 | 分</td></tr>
<tr><td colspan="3">　|　|　|　| ¥ | 4 | 0 | 0 | 0 | 0</td></tr>
<tr><td colspan="10">用途：手续费</td></tr>
<tr><td colspan="7">款项已划转收款单位</td><td colspan="3">备注：
中国工商银行上海市分行
杨浦支行
转讫</td></tr>
</table>

第三联：付款通知

附件 11

<table>
<tr><td colspan="10">银行承兑汇票（存根）　4　　　　汇票号码
签发日期　　年　月　日　　　　第　　号</td></tr>
<tr><td rowspan="3">承兑申请人</td><td>全　称</td><td colspan="3"></td><td rowspan="3">收款人</td><td>全　称</td><td colspan="3"></td></tr>
<tr><td>账　号</td><td colspan="3"></td><td>账　号</td><td colspan="3"></td></tr>
<tr><td>开　户
银　行</td><td></td><td>行号</td><td></td><td>开　户
银　行</td><td></td><td>行 号</td><td></td></tr>
<tr><td colspan="2">汇票金额</td><td colspan="5">人民币
（大写）</td><td colspan="3">千 百 十 万 千 百 十 元 角 分</td></tr>
<tr><td colspan="2">汇票到期日</td><td colspan="2">年　月　日</td><td colspan="6"></td></tr>
<tr><td colspan="4" rowspan="2">备注：</td><td>承兑协议编号</td><td colspan="2"></td><td>交易合同号码</td><td colspan="2"></td></tr>
<tr><td colspan="6">中国工商银行上海市分行
杨浦支行
转讫

负责　　　经办</td></tr>
</table>

此联签发人存查

附件 12

<table>
<tr><td colspan="10">银行承兑汇票　　2　　　　汇票号码
签发日期　　年　月　日　　　　第　　号</td></tr>
<tr><td rowspan="3">承兑申请人</td><td>全　称</td><td colspan="3"></td><td rowspan="3">收款人</td><td>全　称</td><td colspan="3"></td></tr>
<tr><td>账　号</td><td colspan="3"></td><td>账　号</td><td colspan="3"></td></tr>
<tr><td>开　户
银　行</td><td></td><td>行号</td><td></td><td>开　户
银　行</td><td></td><td>行 号</td><td></td></tr>
<tr><td colspan="2">汇票金额</td><td colspan="5">人民币
（大写）</td><td colspan="3">千 百 十 万 千 百 十 元 角 分</td></tr>
<tr><td colspan="2">汇票到期日</td><td colspan="2">年　月　日</td><td colspan="6"></td></tr>
<tr><td colspan="4">本汇票请你行承诺，并确认（银行结算办法）和承兑协议的各项规定。
此致
承兑银行
承兑申请人签章
年　月　日</td><td>承兑协议编号</td><td colspan="2"></td><td>交易合同号码</td><td colspan="2"></td></tr>
<tr><td colspan="4">本汇票经本行承兑，到期日由本行付交。
承兑银行盖章
年　月　日</td><td colspan="3">中国工商银行上海市分行
杨浦支行
转讫
汇票签发人盖章
负责　　　经办</td><td colspan="3">科目（借）____
对方科目（贷）____

转账　　年　月　日
复核　记账</td></tr>
</table>

此联收款人开户银行向承兑行收取票款时作联行凭证

注 意 事 项

一、收款人必须将本汇票和解讫通知同时提交开户银行，两者缺一无效。

二、本汇票经背书可以转让。

被背书人	被背书人	被背书人
背书 日期 年 月 日	背书 日期 年 月 日	背书 日期 年 月 日

附件 13

银行承兑汇票（解讫通知）　3

签发日期　　年　月　日

汇票号码
第　　号

<table>
<tr><td rowspan="3">承兑申请人</td><td>全　称</td><td colspan="3"></td><td rowspan="3">收款人</td><td>全　称</td><td colspan="3"></td></tr>
<tr><td>账　号</td><td colspan="3"></td><td>账　号</td><td colspan="3"></td></tr>
<tr><td>开　户
银　行</td><td></td><td>行号</td><td></td><td>开　户
银　行</td><td></td><td>行 号</td><td></td></tr>
<tr><td>汇票金额</td><td colspan="5">人民币
（大写）</td><td colspan="4">千　百　十　万　千　百　十　元　角　分</td></tr>
<tr><td>汇票到期日</td><td colspan="3">年　月　日</td><td colspan="6"></td></tr>
<tr><td colspan="3" rowspan="2">收款人开户银行盖章

复核　　会计</td><td>承兑协议编号</td><td colspan="2"></td><td>交易合同号码</td><td colspan="3"></td></tr>
<tr><td colspan="7" rowspan="2">中国工商银行上海市分行
杨浦支行
转讫

汇票签发人签章
负责　　　经办</td></tr>
<tr><td colspan="3">备注：</td></tr>
</table>

承兑行作借方凭证附件

附件 14

借　款　单

Prepaid

年　月　日

<table>
<tr><td>部 门</td><td>供应科</td><td>姓名</td><td>张　明</td><td>借款用途</td><td colspan="2">采购材料</td></tr>
<tr><td>借款金额</td><td colspan="6">人民币（大写）贰仟元整（¥2 000.00）</td></tr>
<tr><td rowspan="2">实际报
销金额</td><td rowspan="2"></td><td>节余金额</td><td rowspan="2">现金付讫</td><td rowspan="2">负责人
审核意见</td><td colspan="2" rowspan="2">同意借款。
李弘达</td></tr>
<tr><td>超支金额</td></tr>
<tr><td colspan="4">备注</td><td colspan="3">结账日期　年　月　日</td></tr>
</table>

记账联

财务主管：李弘达　　会计：游德立　　出纳：文　静　　借款人：张　明

附件 15

中国工商银行上海市分行转账支票　（第一联）

签发日期　　年　月　日　　字　　号

收款单位	全 称			付款单位	全 称	上海鹏飞塑料制品股份有限公司
	开户银行		账 号		开户银行	账 号 888888

人民币（大写）捌拾壹万捌仟陆佰元整	千	百	十	万	千	百	十	元	角	分
		¥	8	1	8	6	0	0	0	0

用途：购买设备 A

上列款项，已委托开户银行划转收款单位账号

单位主管　　会计　　复核　　记账

备注：

中国工商银行上海市分行 杨浦支行 转讫

第三联：付款通知

附件 16

山东省增值税专用发票

××××××××××　　　　　**抵扣联**　　　　　No:

开票日期：　年　月　日

全国统一发票监制章 山东 国家税务总局监制

购货单位	名　　称：上海鹏飞塑料制品股份有限公司 纳税人识别号：310115123456789 地 址 、电 话：上海市文达路 100 号(69786520) 开户行及账号：工行上海市分行杨浦支行 888888				密码区		
货物或应税劳务名称	规格型号	单 位	数 量	单 价	金　额	税 率	税　额
设备 A		台	1	690 000	690 000.00	13%	89 700.00
合　计					¥690 000.00		¥779 700.00
价税合计(大写)	柒拾柒万玖仟柒佰元整				（小写）¥779 700.00		
销货单位	名　　称：山东机床厂 纳税人识别号：370653705821934 地 址 、电 话：山东济南青云路 10 号(5435838) 开户行及账号：工行青云路分理处 3444555				备注		

山东机床厂 370653705821934 发票专用章

收款人：张文　　复核：徐鸿　　开票人：成韵　　销货单位：

第二联：抵扣联　购货方扣税凭证

附件 17

山东省增值税专用发票

××××××××××　　　　发票联　　　　No:

（全国统一发票监制章　山东　国家税务总局监制）

开票日期：　年　月　日

购货单位	名　　称：上海鹏飞塑料制品股份有限公司 纳税人识别号：310115123456789 地 址 、电 话：上海市文达路 100 号(69786520) 开户行及账号：工行上海市分行杨浦支行 888888				密码区		
货物或应税劳务名称	规格型号	单 位	数 量	单 价	金　额	税 率	税　额
设备 A		台	1	690 000	690 000.00	13%	89 700.00
合　计					￥690 000.00		￥779 700.00
价税合计(大写)	柒拾柒万玖仟柒佰元整		(小写)￥779 700.00				
销货单位	名　　称：山东机床厂 纳税人识别号：370653705821934 地 址 、电 话：山东济南青云路 10 号(5435838) 开户行及账号：工行青云路分理处 3444555				备注	（山东机床厂　370653705821934　发票专用章）	

收款人：张文　　　复核：徐鸿　　　开票人：成韵　　　销货单位：

第三联：发票联　购货方记账凭证

附件 18

全国联运行业货运统一发票

发票联

（全国统一发票监制章　山东　国家税务总局监制）

开票日期　　年　月　日　　　　发票代码　251000410009

　　　　　　　　　　　　　　　发票号码　00001005

机打代码 机打号码 机器编号		密码区	
发货人名称	山东机床厂	运输费用	其他费用
纳税人识别号	516736750912468	项目及金额	项目及金额
收货人名称	上海鹏飞塑料制品股份有限公司	一、自备运输工具运输	仓储费　0.00
纳税人识别号	310115123456789	1 公路运费　11 300.00	包装整理费　0.00
发货站(港)　到站(港)　经由　中转 济南　上海		2 水路运费　0.00	装卸费　0.00 业务费　0.00 票签费　0.00 小计　0.00
货物名称　件数　计费重量　包装 设备　1　箱		二、代付运费 1 铁路运费　0.00 2 公路运费　0.00 3 水路运费　0.00 4 航空运费　0.00 小计　11 300.00	包干费　0.00 垫付费用 项目及金额 保险费　0.00 邮寄费　0.00 小计　0.00
合计人民币(大写)　壹万壹仟叁佰元整		￥11 300.00	
增值税税额		￥ 1 017.00	
价税合计(大写)　壹万贰仟叁佰壹拾柒元		(小写)￥12 317.00	
承运人名称　山东省运输公司 纳税人识别号　416100201800234		主管税务机关及代码	

（山东省运输公司　416100201800234　发票专用章）

开票单位盖章　　开票人：胡民为　　收款人：胡民为　　手写无效

第三联：发票联　付款方记账凭证

附件 19

物资类别	

Classification

出 库 单

Stock out

年 月 日

Date

连续号：20001

Issue No.

提货单位或领货部门 Department of User			发票号码或生产单号码 Invoice No.		发出仓库 Warehouse		出库日期 Date to pull	
编 号 Code	名称及规格 Name and Specification	单位 Unit	数量 Quantity 要 数 Demand	数量 Quantity 实 发 Send	单 价 Price	金 额 Amount	备 注 Remark	
合 计 Total								

二、记账联

财会部门主管 Approved　　记账 赵 燕 Entered　　发货 张 华 Shipper　　制单 赵 平 Prepared

附件 20

物资类别	

Classification

出 库 单

Stock out

年 月 日

Date

连续号：20002

Issue No.

提货单位或领货部门 Department of User			发票号码或生产单号码 Invoice No.		发出仓库 Warehouse		出库日期 Date to pull	
编 号 Code	名称及规格 Name and Specification	单位 Unit	数量 Quantity 要 数 Demand	数量 Quantity 实 发 Send	单 价 Price	金 额 Amount	备 注 Remark	
合 计 Total								

二、记账联

财会部门主管 Approved　　记账 赵 燕 Entered　　发货 张 华 Shipper　　制单 赵 平 Prepared

附件 21

物资类别	

Classification

出　库　单

Stock out

年　月　日

Date

连续号：20003

Issue No. ....

提货单位或领货部门 Department of User			发票号码或生产单号码 Invoice No.		发出仓库 Warehouse		出库日期 Date to Pull	
编　号 Code	名称及规格 Name and Specification	单位 Unit	数量 Quantity 要　数 Demand	数量 Quantity 实　发 Send	单　价 Price	金　额 Amount	备　注 Remark	
合　计 Total								

二、记账联

财会部门主管 Approved　　记账 赵　燕 Entered　　发货 张　华 Shipper　　制单 赵　平 Prepared

附件 22

上海市增值税专用发票

××××××××××　　　　记账联　　　　**No:**

开票日期：　年　月　日

（全国统一发票监制章 上海 国家税务总局监制）

购货单位	名　　称：山湖工厂 纳税人识别号：360135123456710 地 址 、电 话：江西南昌大连路 23 号(6456120) 开户行及账号：工行南昌市分行 533455				密码区			
货物或应税劳务名称	规格型号	单 位	数 量	单 价	金　额		税 率	税额
合　计								
价税合计(大写)					(小写)¥			
销货单位	名　　称：上海鹏飞塑料制品股份有限公司 纳税人识别号：310115123456789 地 址 、电 话：上海市文达路 100 号(69786520) 开户行及账号：工行上海市分行杨浦支行 888888				备注	上海鹏飞塑料制品股份有限公司 310115123456789 发票专用章		

第二联：记账联　销货方记账凭证

收款人：　　复核：　　开票人：　　销货单位：

附件 23

物资类别	

Classification

出　库　单

Stock out

年　月　日

Date

连续号：20004

Issue No. ....

提货单位或领货部门 Department of user		发票号码或生产单号码 Invoice No.			发出仓库 Warehouse		出库日期 Date to Pull	
编 号 Code	名称及规格 Name and Specification	单位 Unit	数量 Quantity		单　价 Price	金　额 Amount	备　注 Remark	
			要　数 Demand	实　发 Send				
合　计 Total								

二、记账联

财会部门主管 Approved　　记账 赵　燕 Entered　　发货 张　华 Shipper　　制单 赵　平 Prepared

附件 24

3100172130

上海增值税专用发票

此联不作报销、扣税凭证使用

№ 29358150

开票日期：

税总函〔2016〕659号中钞光华印制有限公司

购买方	名　　称： 纳税人识别号： 地 址 、电 话： 开户行及账号：					密码区		
货物或应税劳务、服务名称		规格型号	单位	数　量	单　价	金　额	税率	税　额
合　计								
价税合计(大写)		（小写）						
销售方	名　　称： 纳税人识别号： 地 址 、电 话： 开户行及账号：					备注		

第一联：记账联　销售方记账凭证

收款人：　　复核：　　开票人：　　销售方：(章)

附件 25

中国工商银行上海市分行转账支票 （第一联）

签发日期 年 月 日 第 号

<table>
<tr><td rowspan="2">收款单位</td><td>全 称</td><td colspan="3"></td><td rowspan="2">付款单位</td><td>全 称</td><td colspan="3"></td></tr>
<tr><td>开 户
银 行</td><td></td><td>账 号</td><td></td><td>开 户
银 行</td><td></td><td>账 号</td><td></td></tr>
<tr><td colspan="7">人民币
（大写）</td><td colspan="3">千 百 十 万 千 百 十 元 角 分</td></tr>
<tr><td colspan="10">用途：</td></tr>
<tr><td colspan="7">上列款项，已委托开户银行划转收款单位账号

单位主管 会计 复核 记账</td><td colspan="3">中国工商银行上海市分行
杨浦支行
转讫

备注：</td></tr>
</table>

此联作付款单位留底

附件 26

上海鹏飞塑料制品股份有限公司

（Shanghai Pengfei Co.）

固定资产验收通知单

（Fixed Assets Acceptance）

计划项目： 年 月 日制

Item： Date

<table>
<tr><td rowspan="2">名称及规格
Name or Classification</td><td rowspan="2">单位
Unit</td><td rowspan="2">数量
Quantity</td><td colspan="9">总 值 金 额
Total Amount</td><td colspan="8">总值中的安装费
Installation Cost</td><td rowspan="2">使用年限
Useful Life</td><td colspan="7">预计残值
Salvage Value</td><td rowspan="2">存放地点
Location</td></tr>
<tr><td>百</td><td>十</td><td>万</td><td>千</td><td>百</td><td>十</td><td>元</td><td>角</td><td>分</td><td>十</td><td>万</td><td>千</td><td>百</td><td>十</td><td>元</td><td>角</td><td>分</td><td>万</td><td>千</td><td>百</td><td>十</td><td>元</td><td>角</td><td>分</td></tr>
<tr><td></td><td></td><td></td><td></td><td></td><td></td><td></td><td></td><td></td><td></td><td></td><td></td><td></td><td></td><td></td><td></td><td></td><td></td><td></td><td></td><td></td><td></td><td></td><td></td><td></td><td></td><td></td><td></td><td></td></tr>
<tr><td>来 源
Source</td><td colspan="4"></td><td colspan="6">评估确认价
Estimated Price</td><td colspan="6"></td><td colspan="5">对方单位名称
Name of Supplier</td><td colspan="7"></td></tr>
<tr><td>附 件</td><td colspan="28"></td></tr>
</table>

附件 张

验收部门 Dept. of Checking　验收人 Checker　承办部门负责人 Chief of Undertaker　制单 Prepared

附件 27

ICBC 中国工商银行

业务委托书 Application For Money Transfer　豫B 00265926　委托日期 Date　年 Y　月 M　日 D

业务类型 Type	□现金汇款 Cash Remittance	□转账汇款 Transfer Remittance	□汇票申请书 D/D	□本票申请书 P/D	□其他 Others

委托人 Principal		收款人 Payee	
全　称 Full Name		全　称 Full Name	
账号或地址 Account No. or Addr.		账号或地址 Account No. or Addr.	
开户行名称 Account Bank Name		开户行名称 Account Bank Name	
汇款方式 Type of Remittance	□普通 Regular □加急 Urgent　加急汇款签字 Signature For Urgent Payment	开户银行 Account Bank	省 Province　市 City

币种及金额（大写）Currency and Amount in Words	亿	千	百	十	万	千	百	十	元	角	分

用途 In Payment of		支付密码 S.C	

委托人确认上列委托信息填写正确，且已完全理解和接受背面“客户须知”的内容，上列款项及相关费用请从委托人账户内支付。

The above information has been confirmed correctly, The notice has been fully understood and accepted . The above reliance and related charges will be drawn from the principal account.

委托人签章 Principal Signature and/or Stamp

银行填写 Bank Use	□联动收费	□非联动收费	□不收费	备注: Remarks

受理（受理）：　　审核：

正联(2010) First Page　210×150mm

ICBC 中国工商银行

业务委托书 回执 Application For Money Transfer Receipt

豫B 00265926

委托人全称 Name of Principal	
委托人账号 A/C of Principal	
收款人全称 Name of Payee	
收款人账号 A/C of Payee	
金额 Amount	
委托日期 Date	

此联为银行受理通知书。若委托人申请汇票或本票业务，应凭此联领取汇票或本票。

This paper is the bank acceptance advice. For client or promissory note application, please return this paper.

附件 28

上海市行政事业性专用医院门诊费收据

（上海市财政局票据监制章）

姓名：赵平　　年　月　日　　No:

西　药	754.—	检　查	40.00	化验	6.00	
其中：自费药品		治　疗		输　血		
中　药		放　射		输　氧		
其中：自费药品		手　术		其　他		
合计人民币：　捌佰元整					收费员	吴

（上海市第一中心医院 收费专用章）

附件 29

上海市增值税专用发票

发票联

5100041140　　　　　　　　　　　　　　　　　　**No:**5020010472

开票日期：　　年　月　日

购货单位	名　称：上海鹏飞塑料制品股份有限公司 纳税人识别号：310115123456789 地 址 、电 话：上海市文达路 100 号(69786520) 开户行及账号：工行上海市分行杨浦支行 888888			密码区	172312—4—275〈1+46＊54＊密码:01181321〉 〈8182＊59＊09618　5100041140〉〈4〈3＊2702—9〉9＊+153〈/ 05020010472＊08/4〉＊〉〉2—3＊0/9/〉〉25		
货物或应税劳务名称	规格型号	单 位	数 量	单 价	金　额	税 率	税额
电		千瓦时	5 000	1.84	9 200	13%	1 196
合　计					￥9 200.00	13%	￥1 196.00
价税合计(大写)	⊗壹万零叁佰玖拾陆元整						(小写)￥10 396.00
销货单位	名　称：上海市电力公司 纳税人识别号：312117800218526 地 址 、电 话：杨浦区永陵路 78 号 开户行及账号：建行杨浦支行 9512422051			备注			

收款人：向东　　复核：向东　　开票人：郝海运　　销货单位：

第三联：发票联　购货方记账凭证

附件 30

上海市增值税专用发票

抵扣联

5100041140　　　　　　　　　　　　　　　　　　**No:**5020010472

开票日期：　　年　月　日

购货单位	名　称：上海鹏飞塑料制品股份有限公司 纳税人识别号：310115123456789 地 址 、电 话：上海市文达路 100 号(69786520) 开户行及账号：工行上海市分行杨浦支行 888888			密码区	172312—4—275〈1+46＊54＊密码:01181321〉 〈8182＊59＊09618　5100041140〉〈4〈3＊2702—9〉9＊+153〈/ 05020010472＊08/4〉＊〉〉2—3＊0/9/〉〉25		
货物或应税劳务名称	规格型号	单 位	数 量	单 价	金　额	税 率	税额
电		千瓦时	5 000	1.84	9 200	13%	1 196
合　计					￥9 200.00	13%	￥1 196.00
价税合计(大写)	⊗壹万零叁佰玖拾陆元整						(小写)￥10 396.00
销货单位	名　称：上海市电力公司 纳税人识别号：312117800218526 地 址 、电 话：杨浦区永陵路 78 号 开户行及账号：建行杨浦支行 9512422051			备注			

收款人：向东　　复核：向东　　开票人：郝海运　　销货单位：

第二联：抵扣联　付款方留存

附件 31

委托收款凭证(付款通知) 5

委托日期 年 月 日

<table>
<tr><td rowspan="3">付款人</td><td>全 称</td><td>上海鹏飞塑料制品股份有限公司</td><td rowspan="3">收款人</td><td>全 称</td><td colspan="10">上海市电力公司</td></tr>
<tr><td>账户或住址</td><td>888888</td><td>账 户</td><td colspan="10">9512422051</td></tr>
<tr><td>开户银行</td><td>工行上海市分行杨浦支行</td><td>开户银行</td><td colspan="10">建行杨浦支行</td></tr>
<tr><td rowspan="2">委收金额</td><td rowspan="2">人民币
(大写)</td><td colspan="3" rowspan="2">壹万零柒佰陆拾肆元整</td><td>千</td><td>百</td><td>十</td><td>万</td><td>千</td><td>百</td><td>十</td><td>元</td><td>角</td><td>分</td></tr>
<tr><td></td><td></td><td>¥</td><td>1</td><td>0</td><td>7</td><td>6</td><td>4</td><td>0</td><td>0</td></tr>
<tr><td colspan="2">款项内容</td><td>销货款</td><td>委托收款
凭证名称</td><td></td><td colspan="2">附寄
单证</td><td colspan="8"></td></tr>
<tr><td colspan="2">备注:</td><td colspan="3">上列款项:
1. 已全部划回或入你方账户。
2. 已收回部分款项收入你方账户。
3. 全部未收到。</td><td colspan="10">中国工商银行上海市分行
杨浦支行
转讫
(付款人开户银行盖章)
年 月 日</td></tr>
</table>

此联付款人开户银行给付款人按期付款的通知

单位主管 会计 复核 记账 付款人开户银行收到日期 年 月 日

支付日期 年 月 日

附件 32

电 费 分 配 表

Electricity Fees Allocation Sheet

用电单位 Department	消耗量(度) Consume Units	电费分配金额 Amounts
合计 Total		

审核 Approved 填表 Prepared

附件 33

工资结算汇总表

Summary of Wages

年　　月　　日　　　　　　　　　　　　　　　单位：元

Date　　　　　　　　　　　　　　　　　　　　RMB ¥

车间部门 Dept.		基本工资 Basic Wages	加班工资 Overtime Pay	应扣工资 Deducted Wages		应付工资 Wages Payable	代扣家属药费 Withholding M. Fees of F.	代扣水电费 Withholding Utilities	代扣房租 Withholding Rent	实发工资 Real Wages
				病假	事假					
车间	生产工人工资	20 000	800	70	30	20 700	100	600	200	
车间	管理人员工资	3 000	100			3 100	20	80	40	
机修车间		8 000	200	40	60	8 100	50	50	60	
管理部门		6 000		20	40	5 940	40	30	90	
医务所		1 000				1 000		20	40	
合计										

注：生产百叶窗耗用工时　600 工时
　　生产壁板耗用工时　　400 工时

附件 34

中国工商银行
现金支票存根

支票号码　№　286702

科　　目

对方科目

签发日期　　年　　月　　日

收款人：上海鹏飞塑料制品股份有限公司
金　额：　　　　元
用　途：备发工资
备　注

单位主管：　　　　会计：
复　　核：　　　　记账：文　静

附件 35

工资费用分配表

Wages Allocation Sheet①

年 月 日

Date

单位:元

RMB ¥

应借账户 Debit Account	应贷账户:应付职工薪酬——工资 Credit Account:Employee Compensation Payable:Wages						
	一车间	二车间	机修车间	供水车间	管理部门	医务所	合 计
生产成本——基本生产——百叶窗							
——壁板							
生产成本——辅助生产							
制造费用							
管理费用							
应付职工薪酬——职工福利							
合 计 Total							

财务主管:李宏达 审核: 制单:赵 燕

CFO Approved Prepared

注:①在西方财务中,salaries 通常用于年薪制或月薪制的工资表达,wages 通常用于计时工资制的表达,此处未做区分。

附件 36

福利费计提表

Accrued Welfare Expenses

年 月 日

Date

单位:元

RMB ¥

应借账户 Debit Account	计提基数(工资总额) Sum of Wages	提取比例(%) Percentage	应提取福利费 Accrued Welfare Expense
生产成本——基本生产——A 产品		14	
——B 产品		14	
——C 产品		14	
生产成本——辅助生产——机修车间		14	
——供水车间		14	
制造费用——一车间		14	
——二车间		14	
管理费用		14	
合 计 Total			

财务主管:李宏达 审核: 制单:

CFO Approved Prepared

附件 37

上海市增值税专用发票

××××××××××　　　　记账联　　　　No:

开票日期：　年　月　日

购货单位	名　　称：南昌市化工公司 纳税人识别号：360135135456710 地 址 、电 话：南昌市城建路 56 号(6451208) 开户行及账号：				密码区		
货物或应税劳务名称	规格型号	单 位	数 量	单 价	金 额	税 率	税额
合　计							
价税合计(大写)					(小写)￥		
销货单位	名　　称：上海鹏飞塑料制品股份有限公司 纳税人识别号：310115123456789 地 址 、电 话：上海市文达路 100 号(69786520) 开户行及账号：工行上海市分行杨浦支行 888888				备注		

收款人：　　复核：　　开票人：　　销货单位：

第二联：记账联　销货方记账凭证

附件 38

托收承付凭证(回单)　1

托收号码：

委托日期　年　月　日

付款人	全　　称		收款人	全　　称	
	账户或地址			账　　户	
	开户银行			开户银行	行　号
人民币(大写)			千 百 十 万 千 百 十 元 角 分		￥
附　件		商品发运情况		合同名称号码	
附寄单证张数或册数					
备注：		款项收妥日期：年　月　日		收款人开户银行盖章　年　月　日	

此联是收款人开户银行给收款人的回单

附件 39

上海市增值税专用发票

记账联

××××××××××　　　　No:

开票日期：　年　月　日

（印章：全国统一发票监制章　上海　国家税务总局监制）

购货单位	名　　称：新新公司 纳税人识别号：310246535456710 地 址 、电 话：上海市建设路 46 号(65620208) 开户行及账号：				密码区			
货物或应税劳务名称	规格型号	单 位	数 量	单 价	金　额		税 率	税额
合　计								
价税合计(大写)					(小写)¥			
销货单位	名　　称： 纳税人识别号： 地 址 、电 话： 开户行及账号：				备注	（印章：上海鹏飞塑料制品股份有限公司 310115123456789 发票专用章）		

收款人：　　复核：　　开票人：　　销货单位：

第一联：记账联　销货方记账凭证

附件 40

商业承兑汇票　　5　　　　汇票号码：

委托日期　　年　月　日　　　　第　　号

付款人	全　　称		收款人	全　　称	
	账户或地址			账　　户	
	开户银行			开户银行	行　号

汇票金额	人民币 (大写)	千	百	十	万	千	百	十	元	角	分

汇票到期日	年　月　日	交易合同号码	
本汇票已经本单位承兑，到期日无条件支付票款 此致 收款人 付款人盖章 付现　　现办 年　月　日	汇票签发人盖章 （印章：上海市新新公司 310123123456789 财务专用章） 负责 郑　丽　　经办 罗　华		

此联收款人开户银行随结处凭证寄付款人开户行作付出传票附件

注 意 事 项

一、付款人于汇票到期日前须将票款足额交存开户银行,如账号存款余额不足时,银行比照空支票处以罚款。

二、本汇票经背书可以转让。

被背书人	被背书人	被背书人
背书 日期　　年　月　日	背书 日期　　年　月　日	背书 日期　　年　月　日

附件 41

差旅费报支单

Business Trip Claims

报销日期 年 月 日

Reimburse Date

姓 名 Name				职 别 Position					出差事由 Mission Subject				
出差起止日期 Beginning and End			自 年 月 日至 年 月 日止共 天附单据 张 Beginning Date: To End Date: Total Days Attachments:										
日期 Date		起讫地点 Location				车 船 费 Vehicle and Vessel Fees			宿费 Room Charges	杂费 Sundry Charges	途中伙食补助 Food Allowance		合计 Total
月	日	起点	时间	终点	时间	交通工具	张数	金额			每天补助	金额	
万 仟 佰 元 角 分													

负责人 Approved　　会计 Accountant　　审核 Checked　　主管 Chief　　出差人 张 明 Staff

附件 42

对方科目	字第 GEN.	分号 No.

收 款 收 据

Receipt

对方科目 Credit Account　　　　年 月 日 Date

交款单位 Payer		
摘 要 Explanation		
金 额 Amount	人民币 RMB (大写)(SAY)	¥________

第三联：记账　　附件 张

主管 李弘达 CFO　　会计 Accountant　　业务 Operator　　记账 Entered　　出纳 文 静 Cashier

附件 43

3100172130

上海增值税专用发票

此联不作报销、扣税凭证使用

№ 29358150
开票日期：

税总函〔2016〕659号中钞光华印制有限公司

购买方	名　　称： 纳税人识别号： 地 址 、电 话： 开户行及账号：					密码区		
货物或应税劳务、服务名称	规格型号	单位	数　量	单　价	金　额	税率	税　额	
合　计								
价税合计(大写)	(小写)							
销售方	名　　称： 纳税人识别号： 地 址 、电 话： 开户行及账号：					备注		

第一联：记账联　销售方记账凭证

收款人：　　复核：　　开票人：　　销售方：(章)

(提示：税率 13%)

附件 44

上海鹏飞塑料制品股份有限公司材料物资入库单

Stock in

年　月　日　　编号 10003
Date　　No:

交来单位及部门 Department		发票号码或生产单号码 Invoice No.		验收仓库 Receipt Warehouse			
名称及规格 Name and Specification	单位 Unit	数量 Quantity		实际价格 Actual Price			
		交库 Deliveried	实收 Received	单价 Price	金额 Amount	运杂费 Freight	合计 Total
合计 Total							

三、记账联

附件 45

中国工商银行进账单(回单或收账通知)　1

委托日期　　年　月　日　码第　　号

收款单位	全　称	上海鹏飞塑料制品股份有限公司	汇款单位	全　称	中国工商银行山东省分行济南支行		
	账　号	888888		账　号	332255		
	开户银行	工行上海市分行杨浦支行		开户银行		行　号	

人民币（大写）	千	百	十	万	千	百	十	元	角	分
贰仟元整				¥	2	0	0	0	0	0

票据种类				中国工商银行上海市分行 杨浦支行 转讫
票据张数		凭证号码		收款人开户行盖章
单位主管　会计　复核　记账				

单位　　会计　　复核　　记账　　付款人　　　开户银行盖章　　月　　日

附件 46

中国工商银行进账单(回单或收账通知)　1

委托日期　　年　月　日　码第　　号

收款单位	全　称	上海鹏飞塑料制品股份有限公司	汇款单位	全　称	上海永安公司		
	账　号	888888		账　号	212121		
	开户银行	工行上海市分行杨浦支行		开户银行	工行上海市分行杨浦支行	行　号	

人民币（大写）	千	百	十	万	千	百	十	元	角	分
壹万捌仟元整			¥	1	8	0	0	0	0	0

票据种类				中国工商银行上海市分行 杨浦支行 转讫
票据张数		凭证号码		收款人开户行盖章
单位主管　会计　复核　记账				

单位　　会计　　复核　　记账　　付款人　　　开户银行盖章　　月　　日

附件 47

上海增值税专用发票

3100172130

此联不作报销、扣税凭证使用

№ 29358150
开票日期：

税总函〔2016〕659号中钞光华印制有限公司

购买方	名　　称： 纳税人识别号： 地 址 、电 话： 开户行及账号：				密码区			
货物或应税劳务、服务名称	规格型号	单位	数　量	单　价	金　额	税率	税　额	
合　　计								
价税合计(大写)	（小写）							
销售方	名　　称： 纳税人识别号： 地 址 、电 话： 开户行及账号：				备注			

第一联：记账联　销售方记账凭证

收款人：　　　复核：　　　开票人：　　　销售方：(章)

(提示：税率 13%，此笔业务的价税合计金额为 2 000 元。)

附件 48

仓库：________
Warehouse：

上海鹏飞塑料制品股份有限公司
Shanghai Pengfei Co.
材料、物资盘点盈亏报告表
Inventory-taking Sheet

年　　季度
Year　Quarter

类别：________
Classification：

年　　月　　日 共　　页 第　　页
Date　　　　Gen.　　No.

品名及规格 Name & Specification	单位 Unit	财务科账存 Quantity on Account	实存数 Real Quantity			单价 Price	盘盈 Income on Disposal									盘亏 Loss on Disposal									仓库账实 Account/Real	
			盘存	加：预发货 减：待提货	实物应存		数量	金额								数量	金额								盘盈数	盘亏数
								十	万	千	百	十	元	角	分		十	万	千	百	十	元	角	分		

财务科长 李弘达　　产成品会计 游德立　　供销科长　　保管人员　　填表人 李　红
CFO　　Inventory Accountant　　Chief of Supplier Section　　Keeping　　Prepared

附件 49

上海市增值税专用发票

抵扣联

××××××××××　　　　　　　　　　No:

开票日期：　年　月　日

购货单位	名　　称：上海鹏飞塑料制品股份有限公司 纳税人识别号：310115123456789 地 址 、电 话：上海市文达路 100 号(69786520) 开户行及账号：工行上海市分行杨浦支行 888888	密码区					
货物或应税劳务名称	规格型号	单 位	数 量	单 价	金　额	税 率	税额
聚氯乙烯		千克	1 000	100.00	100 000.00	13%	13 000.00
合　计					¥100 000.00		¥13 000.00
价税合计(大写)	壹拾壹万叁仟元整				(小写)¥113 000.00		
销货单位	名　　称：上海光明有限公司 纳税人识别号：310112012343678 地 址 、电 话：上海市长春路 315 号(62876250) 开户行及账号：市工行 122333	备注	上海光明有限公司 3101120123456789 发票专用章				

收款人：黄春　　复核：赵庆　　开票人：刘玫　　销货单位：

第一联：抵扣联　购货方扣税凭证

附件 50

上海市增值税专用发票

发票联

××××××××××　　　　　　　　　　No:

开票日期：　年　月　日

购货单位	名　　称：上海鹏飞塑料制品股份有限公司 纳税人识别号：310115123456789 地 址 、电 话：上海市文达路 100 号(69786520) 开户行及账号：工行上海市分行杨浦支行 888888	密码区					
货物或应税劳务名称	规格型号	单 位	数 量	单 价	金　额	税 率	税额
聚氯乙烯		千克	1 000	100.00	100 000.00	13%	13 000.00
合　计					¥100 000.00		¥13 000.00
价税合计(大写)	壹拾壹万叁仟元整				(小写)¥113 000.00		
销货单位	名　　称：上海光明有限公司 纳税人识别号：310112012346678 地 址 、电 话：上海市长春路 315 号(62876250) 开户行及账号：市工行 122333	备注	上海光明有限公司 3101120123456789 发票专用章				

收款人：黄春　　复核：赵庆　　开票人：刘玫　　销货单位：

第三联：发票联　购货方记账凭证

附件 51

上海鹏飞塑料制品股份有限公司材料物资入库单
Shanghai Pengfei Co. Stock in

年 月 日　　　　编号 10004
Date　　　　No:

交来单位及部门 Dept. of Supplier		发票号码或生产单号码 Invoice No.		验收仓库 Accepted Warehouse	

名称及规格 Name and Specification	单位 Unit	数量 Quantity		实际价格 Actual Price			
		交库 Diliveried	实收 Collected	单价 Price	金额 Amount	运杂费 Freight	合计 Total
合计 Total							

三、记账联

附件 52

上海鹏飞塑料制品股份有限公司固定资产验收单

年 月 日制

名称及规格 Name or Classification	单位 Unit	数量 Quantity	原账面价 Total Amount									总值中的安装费 Installation Cost								使用年限 Useful Life	预计残值 Salvage Value							存放地点 Location
			百	十	万	千	百	十	元	角	分	十	万	千	百	十	元	角	分		万	千	百	十	元	角	分	
电脑服务器	台	1																										

来源 Source		评估确认价 Estimated Price		对方单位名称 Name of Supplier	

验收部门 Dept. of Checking　　验收人 Checker　　承办部门负责人 Chief of Undertaker　　制单 Prepared

附件 53

关于本月盘点盈亏情况的处理意见

各有关部门：

经盘点，本月出现盈亏。经厂务会议研究特作如下处理：

① 毁损机器损失作营业外支出。

② 原材料及包装物盘盈盘亏转入管理费用。

③ 振兴公司欠款拖欠不还，作坏账处理。

特此通知

厂长办公室

附件 54

中国工商银行上海市分行转账支票(第四联)

签发日期　　年　　月　　日　　字　　号

<table>
<tr><td rowspan="2">付款人</td><td>全　称</td><td colspan="3">富华公司</td><td rowspan="2">收款人</td><td>全　称</td><td colspan="3">上海鹏飞塑料制品股份有限公司</td></tr>
<tr><td>开户银行</td><td>工行青山分理处</td><td>账号</td><td>21212</td><td>开户银行</td><td>杨浦支行</td><td>账号</td><td>888888</td></tr>
<tr><td colspan="10">人民币（大写）贰万元整
千 | 百 | 十 | 万 | 千 | 百 | 十 | 元 | 角 | 分
　 | 　 | ¥ | 2 | 0 | 0 | 0 | 0 | 0 | 0</td></tr>
<tr><td colspan="10">用途：贷款</td></tr>
<tr><td colspan="3">银行对账凭证
不作发货依据</td><td colspan="3">收款人会计分录：
会计　　复核　　记账</td><td colspan="4">上列款项，已委托开户银行划转收款单位账号。
（银行盖章）</td></tr>
</table>

中国工商银行上海市分行 杨浦支行 转讫

此联银行盖章后作收账通知交收款人

附件 55

中国工商银行 存款 利息传票

打印日期 年 月 日

<table>
<tr><td rowspan="3">收款单位</td><td>账 号</td><td>888888</td><td rowspan="3">付款单位</td><td>账 号</td><td>963578</td></tr>
<tr><td>户 名</td><td>上海鹏飞塑料制品股份有限公司</td><td>账 号</td><td>上海市工商银行营业部</td></tr>
<tr><td>开户银行</td><td>杨浦支行</td><td>开户银行</td><td>市工行营业部</td></tr>
<tr><td colspan="3">积数： 利率 % 利息</td><td colspan="3">2 000.00 元</td></tr>
<tr><td colspan="3">________户第 季度利息</td><td colspan="3">TH-XWP
科目________
对方科目________</td></tr>
</table>

代收款通知书

中国工商银行上海市分行 杨浦支行 转讫

附件 56

上海增值税专用发票

3100172130

No 29358150

此联不作报销 扣税凭证使用

全国统一发票监制章 上海 国家税务总局监制

开票日期：

<table>
<tr><td>购买方</td><td colspan="4">名 称：
纳税人识别号：
地 址 、电 话：
开户行及账号：</td><td>密码区</td><td colspan="3"></td></tr>
<tr><td colspan="2">货物或应税劳务、服务名称</td><td>规格型号</td><td>单位</td><td>数 量</td><td>单 价</td><td>金 额</td><td>税率</td><td>税 额</td></tr>
<tr><td colspan="2">合 计</td><td></td><td></td><td></td><td></td><td></td><td></td><td></td></tr>
<tr><td colspan="2">价税合计(大写)</td><td colspan="7">(小写)</td></tr>
<tr><td>销售方</td><td colspan="4">名 称：
纳税人识别号：
地 址 、电 话：
开户行及账号：</td><td>备注</td><td colspan="3"></td></tr>
</table>

收款人： 复核： 开票人： 销售方：(章)

税总函〔2016〕659号中钞光华印制有限公司

第一联：记账联 销售方记账凭证

(提示：税率 13%，价税合计金额为 200 元。)

附件 57

上海鹏飞塑料制品股份有限公司材料物资入库单

Shanghai Pengfei Co. Stock in

年　月　日　　　　编号 10006

Date　　　　No：

交来单位及部门 Dept. of Supplier			发票号码或生产单号码 Invoice No.		验收仓库 Accepted Warehouse		
名称及规格 Name and Specification	单位 Unit	数量 Quantity		实际价格 Actual Price			
		交库 Diliveried	实收 Collected	单价 Price	金额 Amount	运杂费 Freight	合计 Total
合　计 Total							

三、记账联

记账 游德立　　验收 张　华　　缴库 张　华

Entered　　Checker　　Pay into Treasury

附件 58

中国工商银行　借款　利息传票

年　月　日

收款单位		付款单位	
账　号	963578	账　号	888888
户　名	上海市工商银行营业部	账　号	上海鹏飞塑料制品股份有限公司
		开户银行	工商银行上海分行杨浦支行
积数：　利率　%		利息	13 000.00 元
________户第　季度利息		科目________ 对方科目________	

代收款通知书

中国工商银行上海市分行
杨浦支行
转讫

附件 59

中国工商银行转账支票 （第一联） **沪洪第 94 号**

签发日期 年 月 日 字 号

付款人	全 称			收款人	全 称			
	开户银行		账号		开户银行		账号	

	千	百	十	万	千	百	十	元	角	分
人民币（大写）										

用途：	
上列款项，已委托开户银行划转收款单位账号 单位主管 会计 复核 记账	备注：

中国工商银行上海市分行 杨浦支行 转讫

此联作付款单位留底

附件 60

上海增值税专用发票

3100172130

№ 29358150

开票日期：

此联不作报销、扣税凭证使用

全国统一发票监制章 上海 国家税务总局监制

税总函〔2016〕659号中钞光华印制有限公司

购买方	名 称： 纳税人识别号： 地 址 、电 话： 开户行及账号：				密码区			
货物或应税劳务、服务名称	规格型号	单位	数 量	单 价	金 额	税率	税 额	
合 计								
价税合计(大写)	（小写）							
销售方	名 称： 纳税人识别号： 地 址 、电 话： 开户行及账号：				备注			

收款人： 复核： 开票人： 销售方：(章)

第一联：记账联 销售方记账凭证

（提示：税率 6%）

实验三 填制与审核记账凭证

一、实验目的

通过本实验使学生掌握记账凭证填制方法及审核方法。

二、实验要求

(1)根据实验二填制和审核的原始凭证编制记账凭证(Voucher);

(2)直接根据业务 27 和业务 34 所设定的错误会计分录填制记账凭证(为后续差错更正提供资料)。

三、实验指导

会计人员根据审核无误的原始凭证填制记账凭证。记账凭证的内容必须具备:填制凭证的日期;凭证编号;经济业务摘要;会计科目;金额;所附原始凭证张数;填制凭证人员、稽核人员、记账人员、会计机构负责人、会计主管人员签名或盖章。收款和付款记账凭证,还应当由出纳人员签名或盖章。

编制的具体要求有以下几个方面:

(一)填制凭证的日期

填制凭证的日期一般是会计人员填制记账凭证的当天日期,也可以根据管理需要填写经济业务发生日期或周末日期。收付款业务应是货币资金收付的实际日期;报销差旅费的记账凭证日期填写报销当日的日期;银行收款业务应写财会部门收到银行对账单的日期;银行付款业务的日期,应按财会部门开出银行付款单据的日期或承付日期;属于计提和分配费用等转账业务,应以当月最后的日期填写。

(二)凭证的编号

填制记账凭证时,应当对记账凭证进行连续编号,不得跳号和重号。编号时,可以按现收、现付、银付、转账凭证分别连续编号,也可以不分收款凭证、付款凭证、转账凭证的类别统一编号。如果一笔经济业务需要填制两张以上记账凭证时,可采用分数编号法编号。例如,第三笔经济业务需要填制两张记账凭证时,则其中第一张凭证编号为 3-1/2、第二张凭证编号为 3-2/2。数的整数部分为总号,表示经济业务的顺序,其分数部分为分号,其中分母表示该业务共有两张记账凭证,分子表示两张的第一张或第二张。

(三)会计科目的填写

企业必须按照会计制度统一规定的会计科目,应用借贷记账法填写分录,一张凭证一般只填写一笔分录。

(四)摘要(Explanation)的填写

摘要是对经济业务的简单说明,填写时既要简明扼要,又要说明问题。实际工作摘要栏的填写有很大的随意性,但不同的业务应抓住重点进行摘要。例如,现金业务应着重写明现款收、付的对象和事由,银行转账结算业务应着重写明结算方式、结算凭证号码、发生结算业务的对象及内容;更正错账或调整转账等,要写明原账的日期和凭证编号,以及更正或调整的原因。

(五)金额的填写

1. 阿拉伯数字应当一个一个地写,不得连笔写。阿拉伯数字金额前面应当书写货币币种符号。币种符号与阿拉伯数字金额之间不得留有空白。凡阿拉伯数字前写有币种符号的,数字后面不再写货币单位。

2. 所有以元为单位的阿拉伯数字,除表示单价等情况外,一律填写到角、分;无角、分的,角位和分位可写"00",或者符号"—";有角无分的,分位应当写"0",不得用符号"—"代替。

3. 汉字大写数字金额,如零、壹、贰、叁、肆、伍、陆、柒、捌、玖、拾、佰、仟、万、亿等,一律用正楷或行书体书写,不得用0、一、二、三、四、五、六、七、八、九、十等简化字代替,不得任意自造简化字。大写金额数字到元或者角为止的,在"元"或者"角"字之后应当写"整"字或者"正"字;大写金额数字有分的,分字后面不写"整"或者"正"字。

4. 大写金额数字前未印有货币名称的,应当加填货币名称,货币名称与金额数字之间不得留有空白。

5. 阿拉伯数字金额中间有"0"时,汉字大写金额要写"零"字;阿拉伯数字金额中间连续有几个"0"时,汉字大写金额中可以只写一个"零"字;阿拉伯数字金额元位是"0",或者数字中间连续有几个"0"、元位也是"0"但角位不是"0"时,汉字大写金额可以只写一个"零"字,也可以不写"零"字。

6. 记账凭证填制完经济业务事项后,如有空行,应当自金额栏最后一笔数字下的空行处至合计数上的空行处划线注销。

(六)附件的处理

除结账和更正错误的记账凭证可以不附原始凭证外,其他记账凭证必须附有原始凭证。

如果一张原始凭证涉及几张记账凭证,可以把原始凭证附在一张主要的记账凭证后面,并在其他记账凭证上注明附有该原始凭证的记账凭证的编号或者附原始凭证复印件。

填制记账凭证时,凡是应附的原始凭证,都应附在记账凭证的后面。最好先用大头针别上,不要将两者直接粘贴在一起,以利凭证的装订。记账凭证上要注明附件张数,并与所附凭证张数相符。凡所附凭证面积大于记账凭证的部分,要按记账凭证的面积折叠整齐,以利保管。

记账凭证填制完经济业务事项后,如有空行,应当自金额栏最后一笔金额数字下的空行处至合计数上的空行处划线注销。

填制会计凭证,字迹必须清晰、工整。

记账凭证是登记账簿的直接依据,为了保证账簿记录的正确性,以及整个会计信息的质量,记账前必须由专人对已填制的记账凭证进行认真严格的审核。审核的内容主要包括:

(1)审核记账凭证是否附有原始凭证,所附原始凭证的张数与记账凭证所列附件张数是否相符;记账凭证所反映的经济业务内容、金额与所附原始凭证的内容和金额是否相符。

(2)审核记账凭证中应借应贷的会计科目对应关系是否清晰,借贷金额是否正确,借贷是否平衡。

(3)审核记账凭证中有关项目的填写是否清楚、完整,有关人员的签章是否齐全。

记账凭证要严格审核无误后,才能登记入账。如在审核后发现错误,应及时查明原因,按规定的方法更正,再审核无误后才能据以记账。

(七)记账凭证必须有签章,以明确经济责任

制单人员、审核人员、记账人员和会计主管必须在记账凭证上签章。出纳人员根据收款凭证收款或根据付款凭证付款时，均需在凭证上加盖“收讫”或“付讫”的戳记，以免重收重付，防止差错。

四、实验材料

实验一完成的会计分录。
实验二填制和审核的原始凭证。
业务 27 和业务 34 所设定的错误会计分录。

实验四　设置账簿

一、实验目的

通过本实验，使学生掌握日记账、总分类账及明细分类账的开设方法。

二、实验要求

(1)启用账簿(Book)(假定1月1日启用)，填写账簿封面、扉页(启用及经管人员一览表、科目索引表)。

(2)开设现金日记账(Cash Journal)及银行存款日记账(Cash in Banks Journal)，并过入期初余额(Opening Balance)。

(3)开设总分类账(General Ledger)，并过入期初余额。

(4)开设明细科目的明细分类账簿，并过入期初余额。

三、实验指导

1. 启用账簿的一般要求

启用会计账簿时，应当在账簿上写明单位名称和账簿名称，并填写账簿启用表。记账人员、会计主管人员调动工作时，应当注明交接日期、接办人员或者监交人员姓名，并由交接人员双方签字或盖章。

2. 启用账簿的具体要求

启用订本式账簿，应当按顺序编定的页数使用，不得跳页、缺号。使用活页式账页，应当按账户顺序编号，并须定期装订成册。年度终了，再按实际使用的账页顺序编订页码，另加账户目录，记明每个账户的名称和页次。

在账页上端的正中横线上填写一级科目名称，将明细科目写在账页的右上角或左上角上，以确定账号名称，同时填写期初余额。

(1)总分类账(General Ledger)。

总分类账是按照总分类账号分类登记全部经济业务的账簿。为保证账簿资料的安全、完整，实际工作中，大部分单位的总账都是采用订本式账簿。在模拟实验时，为节约经费，可采用活页式账簿。

总账上各会计科目的排列，应按照会计科目的编号顺序分资产、负债、所有者权益、收入、费用、利润依次排列，并填写总账目录，以便查找。

(2)日记账(Journal)。

模拟实验时，要设立现金日记账、银行存款日记账。日记账即序时账，是按照经济业务发生的先后顺序逐笔登记的账簿。根据现行会计制度规定，现金日记账、银行存款日记账必须采用订本账(Bound Book)。一般情况下，其格式可采用三栏式(Three-column)或多栏式(Columnar)账页。日记账应做到“日清月结”。模拟实践时，为了节省费用，可用活页式账簿替代实际工作中所用的订本式账簿。

其他货币资金一般不设日记账进行序时核算，只按其他货币资金的种类设置明细账进行明细核算。

(3)明细分类账(Subsidiary Ledger)。

明细分类账是按照总分类账的二级科目或明细科目开设账户,用来分类登记经济业务的账簿。明细账的格式主要有“三栏式”“数量金额式”“多栏式”等。根据本教材所提供的经济业务,至少应开设以下明细账:

①基本生产成本明细账。

车间设“百叶窗”和“壁板”明细账。明细账采用多栏式账页,按“直接材料”“直接工资”“燃料和动力”“制造费用”设专栏。

②辅助生产成本明细账。

辅助生产成本明细账采用多栏式账页,按“原材料”“工资及福利费”“燃料和动力”“其他”等设专栏。

③制造费用明细账。

制造费用明细账采用多栏式账页,按“工资及福利费”“折旧费”“修理费”“办公费”“水电费”“其他”等设专栏。

④管理费用明细账。

管理费用明细账采用多栏式账页,按“工资及福利费”“折旧费”“办公费”“招待费”“坏账准备”“差旅费”“劳动保险费”“其他”等项目设专栏。

⑤本年利润明细账。

本年利润明细账采用多栏式账页,按损益类科目名称设专栏。

⑥存货明细账。

存货明细账采用数量金额式账页,主要设立“聚氯乙烯”明细账、“碳酸钙”明细账、“百叶窗”明细账、“壁板”明细账、“木箱”明细账、“防护服”明细账等专栏。

四、实验材料

(1)账簿(Book of Accounts)扉页。

(2)总分类账(General Ledger)。

(3)现金日记账(Cash Journal)及银行存款日记账(Cash in Banks Journal)。

(4)明细分类账(Subsidiary Ledger)。

实验五　登记账簿

一、实验目的

通过本实验,使学生掌握日记账、总分类账及明细分类账的登记方法。

二、实验要求

过入各总分类账、日记账及明细分类账 12 月的发生额。

三、实验指导

(一)记账的依据

明细账可根据原始凭证、原始凭证汇总表(Summary Sheet)或记账凭证逐笔登记。银行存款日记账和现金日记账根据收款、付款凭证逐笔依顺序登记。

总账根据科目汇总表登记,总账上的“月、日”应填写科目汇总表的“月、日”,凭证种类可填“汇×”号。同一个会计科目借、贷方均有发生额的,应填在同一行。

(二)记账的要求

(1)登记(Posting)会计账簿时,应当将会计凭证日期、编号、业务内容摘要、金额和其他有关资料逐项记入账内,做到数字准确、摘要清楚、登记及时、字迹工整。

登记完毕后,在记账凭证的特定位置上打勾,注明已经登账的符号(如“√”)。同时,在记账凭证上签名或盖章。

账簿中书写的文字和数字上面要留有适当空格,不要写满格;一般应占格距的 1/2～2/3。书写阿拉伯数字,字体要自右上方斜向左下方,有倾斜度。

登记账簿要用蓝黑墨水或碳素墨水书写,不得使用圆珠笔和铅笔(特别情况除外)。

为了保持账页的美观,每一页的第一笔业务的年、月应在年、月栏中填写。只要不跨月,以后本页再登记时,一律不填月份,只填日期。跨月登记时,应在上月的月结线下的月份栏内填写新的月份。

(2)每一账页登记完毕结转下页时,应当结出本页合计数(Sum)及余额,写在本页最后一行和下页第一行有关栏内,并在“摘要”栏内注明“过次页”和“承前页”字样;也可以将本页合计数及金额只写在下页第一行有关栏内,并在“摘要”栏内注明“承前页”字样。具体办法:对需要结计本月发生额的账号,结计“过次页”的本页合计数应当为自本月初起至本页末止的发生额合计数;对需要结计本年累计发生额的账号,结计“过次页”的本页合计数应当为自年初起至本页末止的累计数;对既不需要结计本月发生额也不需要结计本年累计发生额的账号,可以只将每页末(倒数第 2 行)的余额结转次页,但为了验证月末余额的计算是否正确,可用铅笔结出每页的发生额。

(3)下列情况,可以用红色墨水记账:

①按照红字冲账的记账凭证,冲销(Write off)错误记录;

②在不设借、贷等栏的多栏式账页中,登记减少数;

③在三栏式账号的“余额”栏前,如未印明余额方向的,在“余额”栏内登记负数余额;

④根据国家统一会计制度的规定,可以用红字登记的其他会计记录。

(4)各种账簿按页次顺序连续登记,不得跳行、隔页。如果发生跳行、隔页,应当将空行、空页的金额栏自右上角向左下角用红笔划一条对角斜线注销,同时注明“此行空白”“此页空白”字样,并由记账人员签名或盖章。

(5)登账时,要求书写正确、美观。

(6)凡需要结出余额的账户,结出余额后,应当在“借或贷”等栏内写明“借”或“贷”(Debit or Credit)等字样。没有余额的账户,应当在“借或贷”等栏内写“平”字,并在“余额”栏内元位上用“0”表示。现金日记账和银行存款日记账必须逐日结出余额。实验中,为防止在账簿记录中更正错误引起连锁反应(即一个数字改动了,与之有关的其他数字都要随之改动),除月末和转页这两种情况外,其他时候登记账簿都不要用墨水结出余额,需要及时了解账户的余额,应用铅笔写在“余额”栏。

四、实验材料

订本式账簿、活页式账簿(三栏式账页、数量金额式、多栏式账页)。

实验六 更正错账

一、实验目的

通过本实验,使学生掌握更正错账的方法。

二、实验要求

按照规定的方法更正错账。

三、实验指导

在记账过程中,如果账簿记录发生错误,必须按照规定方法进行更正。不准采用涂改、挖补、刮擦或者用药水消除字迹,重新抄写等方法。

(一)划线更正法

划线更正法(Correction by Drawing a Straight Line)适用于在结账前发现账簿记录中文字、数字有错误,而其所依据的记账凭证并无错误的情况。更正的方法是:将错误的文字或者数字画一条红线注销,同时使原有字迹仍可辨认,以备考查;然后,在划线上方用蓝字或黑字填写正确的文字或者数字,并由会计人员和会计机构负责人在更正处盖章。对于错误的数字,应当全部划线更正,不得只更正其中的错误数字。对于文字错误,则可只划去错误部分。

(二)红字更正法

红字更正法(Correction by Using Red Ink)又称红字冲销,用红字记录表明对原有记录的冲减。一般适用于以下两种情况:

1. 记账以后,发现记账凭证中记账方向、会计科目或金额有错误时,可采用红字更正法更正。更正时,应用红字金额填制一份与原错误记账凭证会计科目、记账方向和金额相同的记账凭证,"摘要"栏内注明"订正×月×日×号凭证",并据以用红字登记账簿,从而冲销原来的错误记录;然后,用蓝字重新填制一份正确的记账凭证,"摘要"栏注明"补记×月×日×号凭证",并据以用蓝字登记账簿。

2. 记账以后,发现记账凭证中应借、应贷会计科目并无错误,只是所记金额大于应记金额,这时可采用红字更正法。将多记的金额(即正确数与错误数之间的差额)用红字填写一张与原错误记账凭证记账方向、会计科目相同的记账凭证,"摘要"栏内注明"冲销×月×日×号记账凭证多记金额",并据以用红字记入账户,冲销多记金额,求得正确金额。

(三)补充登记法

补充登记法(Correction by Extra Recording)又称蓝字补记法。记账以后、结账前,发现记账凭证中应借、应贷会计科目和方向并无错误,只是所记金额小于应记金额,这时可采用补充登记法。将少记的金额(即正确数与错误数之间的差额)用蓝字填写一张与原错误记账凭证记账方向、应借应贷会计科目相同的记账凭证,"摘要"栏内注明"补记×月×日×号记账凭证少记金额",并据以用蓝字记入账户,补记少记金额,求得正确金额。

四、实验材料

(1)实验三中业务 27 和业务 34 的错误记账凭证。
(2)实验四中相关的错误账簿记录。

实验七 账项调整

一、实验目的

通过本实验,使学生掌握账项调整与结账业务的核算方法。

二、实验要求

(1)审核原始凭证。
(2)编制记账凭证。
(3)登记相关的总分类账和明细分类账的发生额。

三、实验指导

在实行权责发生制的单位,应按照权责发生制的要求,进行账项调整的账务处理,以计算确定本期的成本、费用、收入和财务成果。账项调整(Adjustment of Account)包括以下几个方面:

①成本类账户转账。为了正确计算产品成本,期末,制造费用应按企业成本核算的有关规定,分配计入有关成本核算对象,同时将本账户本期发生额分配转入"生产成本"账户;"生产成本"账户汇集的费用应在完工产品和在产品之间分配,计算出完工产品的生产成本,并通过本账户贷方转到"库存商品"账户借方。

②本期未收到、支付款项但应在本期确认收入、费用等转账业务,如待摊和预提项目(Inter-period Allocation Accounts)、固定资产折旧、无形资产摊销等业务,也应填制记账凭证,据以转入有关的成本和账户中。

③有关损益、权益类账户转账,期末,将"主营业务收入""其他业务收入""营业外收入"等收入账户的本期发生额合计数转入"本年利润"账户中;同时,将"主营业务成本""管理费用""财务费用""销售费用""其他业务成本""税金及附加"和"营业外支出""所得税费用"等支出账户的本期发生额的合计数转入"本年利润"账户中,计算本期利润;年度终了时,应将全年实现的净利润总额,从"本年利润"账户转入"利润分配——未分配利润"账户;将全年利润分配总额,从"利润分配"其他明细账户转入"利润分配——未分配利润"账户。

四、实验材料

会计事项和相关资料如下。为了保证会计处理的连续性,本实验业务与实验三和实验六的记账凭证做了连续统一编号。

(38)31 日,计提折旧。(附件 61)

附件 61

固定资产折旧计提表

Statement of Fixed Assets and Accumulated Depreciation

年　　月

Date

使用部门和固定资产类别 Dept. & Classification of Fixed Assets		固定资产原　价 Cost	上月增加固定资产原价 Increased Cost Month	本月减少固定资产原价 Decreased Cost Month	月折旧率 Rate of Month	月折旧额 Amount of Month
车间 Workshop	厂房		无	无		
	机器		无	无		
机修车间 Repair Workshop	厂房		无	无		
	机器		无	无		
非生产用固定资产			无	无		
合　计 Total			无	无		

(39)31 日,按产品耗用生产工人工时分配制造费用并结转。(附件 62)

注:制造费用分配表请自行设计。

(提示:"生产成本——辅助生产成本"应经分配转入"制造费用"科目,再分配进入"生产成本"科目。)

附件 62

本实验因为只有一个生产车间,故"生产成本——辅助生产成本"的金额可于月末全部转入"制造费用"进行归集分配。

(40)31 日，本月产品全部完工。本月百叶窗完工 100 件。壁板完工 90 件。结转完工产品成本。(附件 63、64)

附件 63

上海鹏飞塑料制品股份有限公司材料物资入库单

Shanghai Pengfei Co. Stock in

年 月 日 编号 10006

Date No：

交来单位及部门 Dept. of Supplier		发票号码或生产单号码 Invoice No.		验收仓库 Accepted Warehouse			
名称及规格 Name and Specification	单位 Unit	数量 Quantity		实际价格 Actual Price			
		交库 Diliveried	实收 Collected	单价 Price	金额 Amount	运杂费 Freight	合计 Total
合 计 Total							

三、记账联

记账 Entered　　验收 张 华 Checker　　缴库 Pay into Treasury

附件 64

完工产品成本计算表

Cost of Finished Goods Working Sheet

12 月

Month 12

成本项目 Items	产品名称 Name： 产　　量 Quantity：		产品名称 Name： 产　　量 Quantity：		合　计 Total
	总成本 Total Cost	单位成本 Unit Cost	总成本 Total Cost	单位成本 Unit Cost	
直接材料 Direct Material					
直接人工 Direct Labor					
燃料动力 Fuels and Energy					
制造费用 Manufacturing Expenses					
合　　计 Total					

制表人

Prepared

提示：本月完工产品成本在月末计算，发出商品平时只登记数量，无法确定单位成本，因此，已经销售的产品成本应在月末计算并结转。

(41)31 日,结转已销产品成本,计提坏账准备。(附件 65、66、67)

附件 65

物资类别	

Classification

出 库 单

Stock out

年 月 日

Date

连续号:20007

Issue No.

提货单位或领货部门 Department of User			发票号码或生产单号码 Invoice No.		发出仓库 Warehouse		出库日期 Date to Pull	
编 号 Code	名称及规格 Name and Specification	单位 Unit	数量 Quantity 要 数 Demand	数量 Quantity 实 发 Send	单 价 Price	金 额 Amount	备 注 Remark	
合 计 Total								

二、记账联

财会部门主管 李弘达 Approved　　记账 赵 燕 Entered　　发货 张 华 Shipper　　制单 赵 琴 Prepared

附件 66

物资类别	

Classification

出 库 单

Stock out

年 月 日

Date

连续号:20008

Issue No.

提货单位或领货部门 Department of User			发票号码或生产单号码 Invoice No.		发出仓库 Warehouse		出库日期 Date to Pull	
编 号 Code	名称及规格 Name and Specification	单位 Unit	数量 Quantity 要 数 Demand	数量 Quantity 实 发 Send	单 价 Price	金 额 Amount	备 注 Remark	
合 计 Total								

二、记账联

财会部门主管 李弘达 Approved　　记账 赵 燕 Entered　　发货 张 华 Shipper　　制单 赵 琴 Prepared

附件 67

坏账准备计算表

Working Sheet of Allowance for Doubtful Accounts

年 12 月 31 日

For the period ended Dec. 31 ____

项　目 Items	余　额 Balance	计提比例 Proportion	金　额 Amount
应收账款 Accounts Receivable			
其他应收款 Other Receivable			
合　计 Total			
备注： Remark			

制表：游德立　　　　财务主管：李弘达

Prepared　　　　CFO

(42)31 日,结转损益类账户到"本年利润"账户。(附件 68)

附件 68

损益类账户发生金额表

年 12 月 31 日　　　　制表:伍爱利

For the year ended ____　　　　Prepared:

账户名称 Account	借方发生额 Dr. Amount	贷方发生额 Cr. Amount

(43)31 日,计算本年应交所得税,税率为 25%。(附件 69、70)

附件 69

所得税计算表

Income Taxes Working Sheet

年 12 月 31 日

For the year ended ____

项　目 Items	金　额 Amount
税前会计利润 Total Profit Before Tax	
加:纳税调整增加额 Plus: Increase Amount for Tax Adjustment	
减:纳税调整减少额 Minus: Decrease Amount for Tax Adjustment	
应税所得 Taxable Income	
所得税税率 Tax Rate	
本期应交所得税 Current Period Tax Payable	
本期所得税费用 Current Period Tax Expense	

制表:　　　　　　　　　　审批:

Prepared　　　　　　　　　Approved

(提示:上表中的“纳税调整增加额”及“纳税调整减少额”所包含的项目,参见附件 70 的表格内容。)

附件 70

中华人民共和国企业所得税月(季)度预缴纳税申报表(A 类)

税款所属期间：　　年　　月　　日至　　年　　月　　日

纳税人识别号：□□□□□□□□□□□□□□□□□□

纳税人名称：　　　　　　　　　　　　　　　　　　金额单位：人民币元(列至角分)

预缴方式	□ 按照实际利润额预缴	□ 按照上一纳税年度应纳税所得额平均额预缴	□ 按照税务机关确定的其他方法预缴
企业类型	□ 一般企业	□ 跨地区经营汇总纳税企业总机构	□ 跨地区经营汇总纳税企业分支机构

预缴税款计算

行次	项目	本年累计金额
1	营业收入	
2	营业成本	
3	利润总额	
4	加：特定业务计算的应纳税所得额	
5	减：不征税收入	
6	减：免税收入、减计收入、所得减免等优惠金额(填写 A201010)	
7	减：固定资产加速折旧(扣除)调减额(填写 A201020)	
8	减：弥补以前年度亏损	
9	实际利润额(3+4−5−6−7−8)\按照上一纳税年度应纳税所得额平均额确定的应纳税所得额	
10	税率(25%)	
11	应纳所得税额(9×10)	
12	减：减免所得税额(填写 A201030)	
13	减：实际已缴纳所得税额	
14	减：特定业务预缴(征)所得税额	
15	本期应补(退)所得税额(11−12−13−14)\税务机关确定的本期应纳所得税额	

汇总纳税企业总分机构税款计算

行次		项目	本年累计金额
16	总机构填报	总机构本期分摊应补(退)所得税额(17+18+19)	
17		其中：总机构分摊应补(退)所得税额(15×总机构分摊比例__%)	
18		财政集中分配应补(退)所得税额(15×财政集中分配比例__%)	
19		总机构具有主体生产经营职能的部门分摊所得税额(15×全部分支机构分摊比例__%×总机构具有主体生产经营职能部门分摊比例__%)	
20	分支机构填报	分支机构本期分摊比例	
21		分支机构本期分摊应补(退)所得税额	

附报信息

小型微利企业	□ 是 □ 否	科技型中小企业	□ 是 □ 否
高新技术企业	□ 是 □ 否	技术入股递延纳税事项	□ 是 □ 否
期末从业人数			

谨声明：此纳税申报表是根据《中华人民共和国企业所得税法》《中华人民共和国企业所得税法实施条例》以及有关税收政策和国家统一会计制度的规定填报的，是真实的、可靠的、完整的。

法定代表人(签章)：　　年　　月　　日

纳税人公章： 会计主管： 填表日期：　年　月　日	代理申报中介机构公章： 经办人： 经办人执业证件号码： 代理申报日期：　年　月　日	主管税务机关受理专用章： 受理人： 受理日期：　年　月　日

国家税务总局监制

注：本附件仅供附件 69 参考，可不要求填写。

(44)31 日,计算本月应交增值税。(附件 71、72)

附件 71

应交增值税计算表

Working Sheet of Value Added Tax Payable

年 月 日

Date

项 目 Items	销项税额 Substituted Money on VAT	进项税额 Withholdings on VAT	进项税额转出 Changeover Withholding on VAT	应交增值税 VAT Payable	本月已交增值税 VAT Paid Current Month	本月未交(或多交)增值税 Unpaid(Over paid)VAT
金 额 Amount						

(提示 1:本表依据"应交增值税"明细账有关数据填列。按会计核算要求,期末应将当月未交(或多交)的增值税转入"应交税费——未交增值税"明细账。)

(提示 2:"增值税"核算的完整内容,参见附件 72 的表格内容所示。)

附件 72

增值税纳税申报表

（适用于增值税一般纳税人）

根据国家税收法律法规及增值税相关规定制定本表。纳税人不论有无销售额，均应按税务机关核定的纳税期限填写本表，并向当地税务机关申报。

税款所属时间：自　年　月　日至　年　月　日　填表日期：　年　月　日　金额单位：元（至角分）

<table>
<tr><td>纳税人识别号</td><td colspan="4"></td><td colspan="3">所属行业：</td></tr>
<tr><td>纳税人名称</td><td>公章</td><td>法定代表人姓名</td><td></td><td>注册地址</td><td></td><td>营业地址</td><td></td></tr>
<tr><td>开户银行及账号</td><td></td><td colspan="2">企业登记注册类型</td><td colspan="2"></td><td>电话号码</td><td></td></tr>
</table>

<table>
<tr><td colspan="2" rowspan="2">项　　目</td><td rowspan="2">栏　次</td><td colspan="2">一般项目</td><td colspan="2">即征即退项目</td></tr>
<tr><td>本月数</td><td>本年累计</td><td>本月数</td><td>本年累计</td></tr>
<tr><td rowspan="10">销售额</td><td>（一）按适用税率征税货物及劳务销售额</td><td>1</td><td></td><td></td><td></td><td></td></tr>
<tr><td>其中：应税货物销售额</td><td>2</td><td></td><td></td><td></td><td></td></tr>
<tr><td>　　应税劳务销售额</td><td>3</td><td></td><td></td><td></td><td></td></tr>
<tr><td>纳税检查调整的销售额</td><td>4</td><td></td><td></td><td></td><td></td></tr>
<tr><td>（二）按简易征收办法征税货物销售额</td><td>5</td><td></td><td></td><td></td><td></td></tr>
<tr><td>其中：纳税检查调整的销售额</td><td>6</td><td></td><td></td><td></td><td></td></tr>
<tr><td>（三）免、抵、退办法出口货物销售额</td><td>7</td><td></td><td></td><td></td><td></td></tr>
<tr><td>（四）免税货物及劳务销售额</td><td>8</td><td></td><td></td><td></td><td></td></tr>
<tr><td>其中：免税货物销售额</td><td>9</td><td></td><td></td><td></td><td></td></tr>
<tr><td>　　免税劳务销售额</td><td>10</td><td></td><td></td><td></td><td></td></tr>
<tr><td rowspan="8">税款计算</td><td>销项税额</td><td>11</td><td></td><td></td><td></td><td></td></tr>
<tr><td>进项税额</td><td>12</td><td></td><td></td><td></td><td></td></tr>
<tr><td>上期留抵税额</td><td>13</td><td></td><td></td><td></td><td></td></tr>
<tr><td>进项税额转出</td><td>14</td><td></td><td></td><td></td><td></td></tr>
<tr><td>免抵退货物应退税额</td><td>15</td><td></td><td></td><td></td><td></td></tr>
<tr><td>按适用税率计算的纳税检查应补缴税额</td><td>16</td><td></td><td></td><td></td><td></td></tr>
<tr><td>应抵扣税额合计</td><td>17＝12＋13－14－15＋16</td><td></td><td></td><td></td><td></td></tr>
<tr><td>实际抵扣税额</td><td>18（如 17<11，则为 17，否则为 11）</td><td></td><td></td><td></td><td></td></tr>
</table>

续表

	应纳税额	19=11-18				
	期末留抵税额	20=17-18				
	简易征收办法计算的应纳税额	21				
	按简易征收办法计算的纳税检查应补缴税额	22				
	应纳税额减征额	23				
	应纳税额合计	24=19+21-23				
税款缴纳	期初未缴税额(多缴为负数)	25				
	实收出口开具专用缴款书退税额	26				
	本期已缴税额	27=28+29+30+31				
	①分次预缴税额	28				
	②出口开具专用缴款书预缴税额	29				
	③本期缴纳上期应纳税额	30				
	④本期缴纳欠缴税额	31				
	期末未缴税额(多缴为负数)	32=24+25+26-27				
	其中:欠缴税额(≥0)	33=25+26-27				
	本期应补(退)税额	34=24-28-29				
	即征即退实际退税额	35				
	期初未缴查补税额	36				
	本期入库查补税额	37				
	期末未缴查补税额	38=16+22+36-37				
授权声明	如果你已委托代理人申报,请填写下列资料: 为代理一切税务事宜,现授权(地址)为本纳税人的代理申报人,任何与本申报表有关的往来文件,都可寄予　　此人。 授权人签字:	申报人声明	此纳税申报表是根据《中华人民共和国增值税暂行条例》的规定填报的,我相信它是真实的、可靠的、完整的。 声明人签字:			

以下由税务机关填写:

收到日期:　　　　接收人:　　　　主管税务机关签章

注:本附件仅供附件71参考使用,可不要求填写。

(45)31 日，按税后利润的 10%提取储备基金；拟按税后利润的 30%，向投资者分配现金股利。账号：432578。(附件 73、74)

附件 73

应付股利计算表

Working Sheet of Dividends Payable

年度

For the year ended Dec. 31 ____

上年未分配利润 Retained Earnings Last Year	本年可分配利润 Profits Available from Current Year	可分配利润合计 Total Profits Available	分配比例 Proportion	应付股利总额 Amount
应付股利详细情况 Details				

投资者 Investors	出资比例 Proportion	应得股利 Dividends

主管：李弘达 记账：伍爱利 审核： 制表：伍爱利
CFO Entered Approved Prepared

附件 74

储备基金计提表

Working Sheet of Reserve Fund

年度

For the year ended ____

计提基数 Profit after Tax	计提比例 Proportion	计提额 Amount

主管： 记账： 审核： 制表：
CFO Entered Checked Prepared

注：储备基金，是指按照法律、行政法规规定，从净利润中提取的、经批准用于弥补亏损和增加资本的储备基金。外商投资企业的提取比例不低于税后利润的 10%，可在"盈余公积"科目下设置明细科目核算，该金额可用于弥补企业经营亏损、增加资本。

(46)31日,缴清所欠税金。(附件75、76)

附件75

城市维护建设税(教育费附加)地方教育附加申报表

税款所属期限:自　　年　月　日至　　年　月　日

纳税人识别号(统一社会信用代码):

纳税人名称:　　　　　　　　　　　　　　　　　　　　金额单位:人民币元(列至角分)

<table>
<tr><td colspan="6" rowspan="3">本期是否适用增值税小规模纳税人减征政策
(减免性质代码____城市维护建设税:07049901,
减免性质代码____教育费附加:61049901,
减免性质代码____地方教育附加:99049901)</td><td rowspan="3">□是 □否</td><td colspan="6">减征比例____城市维护建设税(%)</td><td colspan="2"></td></tr>
<tr><td colspan="6">减征比例____教育费附加(%)</td><td colspan="2"></td></tr>
<tr><td colspan="6">减征比例____地方教育附加(%)</td><td colspan="2"></td></tr>
<tr><td colspan="6" rowspan="3">本期是否适用试点建设培育产教融合型企业抵免政策</td><td rowspan="3">□是 □否</td><td colspan="6">当期新增投资额</td><td colspan="2"></td></tr>
<tr><td colspan="6">上期留抵可抵免金额</td><td colspan="2"></td></tr>
<tr><td colspan="6">结转下期可抵免金额</td><td colspan="2"></td></tr>
<tr><td rowspan="3">税(费)种</td><td colspan="5">计税(费)依据</td><td rowspan="3">税率
(征收率)</td><td rowspan="3">本期应纳税(费)额</td><td colspan="2">本期减免税(费)额</td><td rowspan="3">本期增值税小规模纳税人减征额</td><td colspan="2">试点建设培育产教融合型企业</td><td rowspan="3">本期已缴税(费)额</td><td rowspan="3">本期应补(退)税(费)额</td></tr>
<tr><td colspan="2">增值税</td><td rowspan="2">消费税</td><td rowspan="2">营业税</td><td rowspan="2">合计</td><td rowspan="2">减免性质代码</td><td rowspan="2">减免税(费)额</td><td rowspan="2">减免性质</td><td rowspan="2">本期抵免金额</td></tr>
<tr><td>一般增值税</td><td>免抵税额</td></tr>
<tr><td></td><td>1</td><td>2</td><td>3</td><td>4</td><td>5=1+2+3+4</td><td>6</td><td>7</td><td>8</td><td>9</td><td>10</td><td>11</td><td>12</td><td>13</td><td>14=7−9−10−12−13</td></tr>
<tr><td>城建税</td><td></td><td></td><td></td><td></td><td></td><td></td><td></td><td></td><td></td><td></td><td>—</td><td>—</td><td></td><td></td></tr>
<tr><td>教育费附加</td><td></td><td></td><td></td><td></td><td></td><td></td><td></td><td></td><td></td><td></td><td></td><td></td><td></td><td></td></tr>
<tr><td>地方教育附加</td><td></td><td></td><td></td><td></td><td></td><td></td><td></td><td></td><td></td><td></td><td></td><td></td><td></td><td></td></tr>
<tr><td>—</td><td></td><td></td><td></td><td></td><td></td><td></td><td></td><td></td><td></td><td></td><td></td><td></td><td></td><td></td></tr>
<tr><td>合计</td><td colspan="5">—</td><td>—</td><td></td><td></td><td></td><td></td><td></td><td></td><td></td><td></td></tr>
<tr><td colspan="15">谨声明:本申报表是根据国家法律法规及相关规定填报的,是真实的、可靠的、完整的。
纳税人(签章):　　　　　　　　　　　　年　月　日</td></tr>
<tr><td colspan="7">经办人:
经办人身份证号:
代理机构签章:
代理机构统一社会信用代码:</td><td colspan="8">受理人:
受理税务机关(章):

受理日期:　　年　　月　　日</td></tr>
</table>

填表说明:

1.“纳税人识别号(统一社会信用代码)”,填报税务机关核发的纳税人识别号或有关部门核发的统一社会信用代码。“纳税人名称”,填报营业执照、税务登记证等证件载明的纳税人名称。

2.“本期是否适用增值税小规模纳税人减征政策(减免性质代码____城市维护建设税:07049901,减免性质代码____教育费附加:61049901,减免性质代码____地方教育附加:99049901)”:纳税人自增值税一般纳税人按规定转登记为小规模纳税人的,自成为小规模纳税人的当月起适用减征优惠。增值税小规模纳税人按规定登记为一般纳税人的,自一般纳税人生效之日起不再适用减征优惠;增值税年应税销售额超过小规模纳税人标准应当登记为一般纳税人而未登记,经税务机关通知,逾期仍不办理登记的,自逾期次月起不再适用减征优惠。纳税人本期适用增值税小规模纳税人减征政策的,勾选“是”;否则,勾选“否”。

3.“减征比例(%)”,当地省级政府根据财税〔2019〕13 号文件确定的减征比例,系统自动带出。

4.“本期是否适用试点建设培育产教融合型企业抵免政策”:符合财税〔2019〕46 号文件规定的试点建设培育产教融合型企业,选择“是”;否则,选择“否”。

5.“当期新增投资额”,填写试点建设培育产教融合型企业当期新增投资额减去股权转让、撤回投资等金额后的投资净额,该数值可为负数。

6.“上期留抵可抵免金额”,填写上期“结转下期可抵免金额”。

7.“结转下期可抵免金额”,填写本期抵免应缴教育费附加、地方教育附加后允许结转下期抵免部分。计算公式:“结转下期可抵免金额”=“当期新增投资额”×30%+“上期留抵可抵免金额”-教育费附加“本期试点建设培育产教融合型企业抵免金额”-地方教育附加“本期试点建设培育产教融合型企业抵免金额”,该数值应大于等于零,若计算结果为负,填零。

8. 第 1 栏“一般增值税”,填写本期缴纳的一般增值税税额。

9. 第 2 栏“免抵税额”,填写增值税免抵税额。

10. 第 3 栏“消费税”,填写本期缴纳的消费税税额。

11. 第 4 栏“营业税”,填写本期补缴以前年度的营业税税额,其附加不适用减征规定。

12. 第 5 栏“合计”,反映本期缴纳的增值税、消费税、营业税税额合计。

13. 第 6 栏“税率(征收率)”,填写城市维护建设税、教育费附加、地方教育附加的税率或征收率。

14. 第 7 栏“本期应纳税(费)额”,反映本期按适用税率(征收率)计算缴纳的应纳税额。计算公式为:7=5×6。

15. 第 8 栏“减免性质代码”,该项按照国家税务总局制定下发的最新《减免税政策代码目录》中的最细项减免性质代码填写。有减免税(费)情况的必填,试点建设培育产教融合型企业抵免不填列此栏。

16. 第 9 栏“减免税(费)额”,反映本期减免的税(费)额。

17. 第 10 栏“本期增值税小规模纳税人减征额”,反映符合条件的增值税小规模纳税人减征的税(费)额。计算公式为:10=(7-9)×减征比例。

18. 第 11 栏“减免性质”,符合财税〔2019〕46 号文件规定的试点建设培育产教融合型企业分别填写教育费附加产教融合试点减免性质代码 61101402、地方教育附加产教融合试点减免性质代码 99101401。

19. 第 12 栏“本期抵免金额”,填写试点建设培育产教融合型企业本期抵免的教育费附加、地方教育附加金额。

20. 第 13 栏“本期已缴税(费)额”,填写本期应纳税(费)额中已经缴纳的部分。

21. 第 14 栏“本期应补(退)税额”,计算公式为:14=7-9-10-12-13。

22. 本表一式两份,一份纳税(缴费)人留存,一份税务机关留存。

附件 76

应交城市维护建设税、教育费附加计算表

Working Sheet of Other Tax Payable

项　目 Items	计算基数 Tax Base	比　例 Proportion	金　额 Amount
应交城市维护建设税			
应交教育费附加			

(47)31 日，将“本年利润”及“利润分配”有关明细账余额转入“利润分配——未分配利润”账户。(附件 77)

附件 77

年 度 转 账 单

Account Transfer Document

年度

For the year ended ____

账户名称 Account Title	金　额 Amount
本年利润 Income Summary	
利润分配——提取储备基金 Profit Distribution—Accrual Reserve Fund	
利润分配——应付股利 Profit Distribution—Dividends Payable	

主管：李弘达　CFO　　记账：伍爱利　Entered　　审核：　Checked　　制表：伍爱利　Prepared

实验八　对　账

一、实验目的

通过本实验,使学生掌握对账的方法。

二、实验要求

(1)进行账证核对。
(2)进行账账核对。
(3)结计出各账户余额及发生额(暂不要在账户中正式结账)。
(4)进行账实核对。
(5)编制试算平衡表。

三、实验指导

(一)对账的内容

对账的时间通常是在月末、季末、年末记账之后,结账之前进行。对账的主要内容如下:

1. 账账核对

账账核对是指将各种账簿之间的有关记录进行相互核对。其主要内容有:

(1)总分类账户之间的核对。检查全部总分类账户本期借方发生额合计数是否等于本期贷方发生额合计数,期末所有账户借方余额合计数是否等于贷方余额合计数。此项核对一般通过编制“总分类账户期末余额试算表”进行。

(2)总分类账户与所属各明细分类账户之间的核对。检查总分类账户本期借、贷方发生额合计数及期末余额与所属各明细分类账户相对应的合计数是否相等,一般通过编制“总分类账户与明细分类账户对照表”进行核对。

(3)总分类账户与库存现金、银行存款日记账之间的核对。检查总分类账户中“库存现金”“银行存款”账户本期借、贷方发生额及期末余额与日记账中相对应数字是否相等。

(4)会计部门的财产物资明细账期末余额与财产物资保管、使用部门的明细分类账期末余额核对相符。

2. 账实核对

账实核对是指各种账簿的记录与有关财产物资的实存数额进行相互核对。账实核对一般是结合财产清查进行的,其主要内容包括:

(1)库存现金日记账的账面余额与库存现金实际库存数之间的核对。此项核对应每日进行,并且还应进行不定期的抽查。

(2)银行存款日记账的账面余额与开户银行对账单之间的核对。一般每月核对一次,对未达账项通过编制“银行存款余额调节表”,将双方实际结存调节相等。

(3)各种财产物资明细分类账的账面数量,应与清查盘点后的实存数额核对相符。此项核对应定期或不定期进行。

(4)各种应收、应付、应缴款明细分类账户的账面余额与有关债权、债务单位或个人及有关部门之间的核对。

(二)错账的查找方法

在记账过程中,可能会发生重记、漏记、数字颠倒、数字记错、科目记错、借贷方向颠倒等,从而会造成会计差错。

查找记账错误的方法一般有逆查法、余额审查法、尾数法、差额除二法、差额除九法等。

1. 逆查法

逆查法是沿着"试算→结账→过账→制证"的逆账务处理程序,从尾到头进行普遍检查的方法。其检查程序是:

(1)检查账户余额试算表的余额合计是否正确。

(2)检查各账户的余额计算是否正确。

(3)将总分类账与所属明细分类账进行核对,以检查其记录是否正确、相符。

(4)逐笔核对账簿记录是否与记账凭证相符。

(5)逐笔核对记账凭证是否与原始凭证相符以及凭证中的数字计算是否正确。

2. 余额审查法

余额审查法是用于查找总账余额计算是否正确的方法之一。一般来说,会计查错时应着重检查资产类和损益类账户,以及与其有关的其他账户。对所检查的账户,按照账户的记账结构,侧重审查其"借方发生额""贷方发生额""余额"或"借、贷、余"并重。其步骤如下:

(1)逐笔复算结出的余额是否正确,注意上下页余额有无过账和错误。

(2)检查各总分类账户及其所属明细分类账户的发生额及金额是否相符。

(3)检查分析某些账户的余额有无不正常的现象,从中找出问题。

3. 尾数法

对于发生的角、分的差错可以只查找小数部分,以提高查错的效率。

4. 差额除二法

差额除二法是用于查找因记反方向而发生的错账。如将应计入借方的数字误计入了贷方,或者相反,这样便导致一方的合计数加大,而另一方的合计数减少,并且其差异数字恰好是记错了方向数字的一倍,同时差异数字也必定是个偶数。如果将这个差异数除以 2,则商数就可能是记错的数字,然后在账簿中查找与这个商数相同的数字,看其是否记错了方向,即可找到错账的所在之处。

5. 差额除九法

差额除九法主要适用于以下三种情况:

(1)数字错位偏小,如将 400 元错记为 40 元,错位的差异数字是 400－40＝360(元),它是原数 400 元的 90%,将差异数被 9 除,得 40 元,40 即为错误数字,扩大 10 倍即为正确数字。

(2)数字错位偏大,如将 60 元错记为 600 元,错位的差异数是 600－60＝540(元),它使原数 60 元扩大 9 倍,将差异数除 9 得 60 元,这 60 元就是正确数字。

(3)邻数颠倒,如将 89 写为 98。两个数字颠倒后,个位数变成了十位数,十位数变成了个位数,这就造成差额为 9 的倍数。如果前大后小颠倒为前小后大,正确数与错误数的差额就是一个正数,这个差额数除以 9 所得的商的有效数字便是相邻颠倒两数的差值。例如,将 84 错写成 48,差数 36 除以 9,商数为 4,这就是相邻颠倒两数的差值(8－4)。如果前小后大颠倒为前大后小,正确数与错误数的差额则是一个负数。同样,这个差额数除以 9 所得商数的有效数字就是相邻颠倒两数的差值。例如,将 27 错记为 72,差额数－45 除以 9,商数为－5,这就是相邻颠倒两数的差值(2－7)。我们可以在差值相同的两个邻数范围内去查找。

四、实验材料

(1)实验三、实验六和实验七填制的记账凭证。

(2)实验五、实验六和实验七的账簿记录。

实验九 结 账

一、实验目的

通过本实验,使学生掌握结账方法。

二、实验要求

(1)结计各账户 12 月末余额(资产、负债和所有者权益类账户)及发生额,并进行月结。

(2)结计各账户年末余额(资产、负债和所有者权益类账户)及发生额,并进行年结。

三、实验指导

(一)结账的内容

结账(Closing Account)是一项细致而复杂的工作,具体有以下几个方面的内容:

1. 结账前,必须将本期内发生的经济业务全部登记入账,对漏记的账项应及时补记,但不得提前入账,也不得将本期发生的经济业务延至下期入账,只有这样,才能保证结账的正确性。

2. 按权责发生制的原则进行期末账项调整。为了真实地反映各会计期间的收入和费用,以便合理地确定各会计期间的财务成果,就需要调整那些收支期与归属期不一致的收入和费用,如应计收入和应计费用的反映以及期末其他账项的调整。

3. 期末分配结转有关成本费用,按照配比原则对有关费用进行分配,并结转损益。

(1)成本类账户的结转,如制造费用的分配、完工产品生产成本的结转。

(2)损益类账户的结转,如期末为了计算利润结转的收益类和费用成本类账户。

(3)年末利润的清算,如年末对本年实现的利润总额和利润分配的结转。

(4)其他转账业务的结转,如财产物资的盘盈、盘亏,应按有关规定调整入账等。

4. 计算各账户本期发生额和期末余额。在本期全部经济业务已登记入账的基础上,分别计算出库存现金日记账、银行存款日记账、总账和明细账的本期发生额和期末余额,并将期末余额结转下期。

5. 根据结出的各账户的本期发生额和期末余额,编制"本期发生额试算平衡表""总账余额试算平衡表"和"明细账本期发生额明细表"。

根据借贷记账法"有借必有贷、借贷必相等"的记账规则,本期发生额借方合计也必然等于贷方合计。通过检查试算表中的试算结果,如果借、贷两方合计金额不相等,就表明账户的记录发生了错误,要及时查明原因,并按规定方法予以更正。

(二)结账的方法

结账工作一般在会计期末进行,主要采用划线法,即在本会计期间最后一笔业务下面通栏画一条红单线,表示开始结账。需结算本月发生额合计数、月末余额和本年累计发生额的账户,可将发生额或累计发生额直接填在结账线下,不需要每填一项数字划一条结账线,等全部结算数字填写完成后,在下面再通栏画一条红单线,以示结账结束和将上下两个不同会计期间分隔开。月结线画通栏单红线,年结线画通栏双红线,以示封账。

结账按照结算时期的不同,可分为月结、季结和年结,具体方法如下:

1. 月结。每月结账时,在各账户本月份最后一笔记录下面画一条通栏红线,表示本月结束。然后，在红线下结算出本月借、贷方发生额和月末余额，如果没有余额，则在“借或贷”栏内和“余额”栏内分别注明“平”字和“0”符号。同时，在“摘要”栏内注明“本月合计”或“某月份发生额和月末余额”字样。最后，再在下面画一条通栏红线，表示完成月结工作。

2. 季结。季末的结账方法与月结基本相同。季结时，在各账户本季最后一个月的月结下面(需按月结出累计发生额，应在“本季累计”下面)画一条通栏红线，表示本季结束。然后，在红线下结算出本季借、贷方发生额和季末余额，同时在“摘要”栏内注明“本季合计”或“某季度发生额及余额”字样。最后，再在下面画一条通栏红线，表示完成季结工作。

3. 年结。年度结账时，应在12月份月结下面(需办理季结的，应在第四季度的季结下面)结算填列全年12个月的月结发生额合计或四个季度季结发生额合计和年末余额；如果没有余额，应在“借或贷”栏内和“余额”栏内注明“平”字和“0”符号，并在“摘要”栏内注明“本年合计”或“某年度发生额及余额”字样。然后，将年初借(贷)方余额抄列入下一行的借(贷)方栏内，在“摘要”栏内注明“年初余额”字样，同时将年末借(贷)方余额再列入下一行的贷(借)方栏内，在“摘要”栏内注明“结转下年”字样。最后，分别加计借贷方合计数，使年初余额＋本年增加额＝本年减少额＋年末余额，并在合计数下面画通栏双红线表示封账，完成了年结工作。

需要更换新账的，应在新账有关账户的第一行“摘要”栏内注明“上年结转”或“年初余额”字样，并将上年的年末余额以相同方向记入新账中的“余额”栏内。

四、实验材料

实验五、实验六、实验七的账簿记录。

实验十 编制财务报表

一、实验目的

通过本实验,使学生掌握编制资产负债表等报表的方法。

二、实验要求

(1)编制资产负债表(Balance Sheet)。
(2)编制利润表(Income Statement)。
(3)编制现金流量表(Cash Flow Statement)。
(4)编制所有者权益变动表(Statement of Changes in Equity)。

三、实验材料

(1)试算平衡表(Trial Balance)。
(2)明细账数据。
(3)财务报表(空白报表见附录)。

实验十一 会计档案管理

一、实验目的

通过本实验,使学生掌握记账凭证、账簿和财务报表编制等会计资料的整理和归档方法。

二、实验要求

(1)按照记账凭证的种类装订成册,并外加封面。
(2)对账簿进行整理,并装订立卷。
(3)按照财务报表的种类装订成册,并外加封面。

三、实验指导

(一)会计凭证的装订

1. 会计凭证装订前的准备工作

(1)摘除凭证内的金属物,对大的附件要折叠成略小于记账凭证大小,注意避开装订线,将所附原始凭证粘贴到记账凭证的后面。

(2)检查记账凭证上有关人员(如财务主管、复核、记账、制单等)的印章是否齐全。

(3)分类整理,按顺序排列,检查日数、编号是否齐全,如有颠倒要重新排列,发现缺号要查明原因。

(4)按凭证汇总日期归集确定装订成册的本数(每本厚度一般不超过 1.5 厘米)。

2. 装订会计凭证

(1)凭证外面要加封面,封面上填写好凭证种类、起止号码、凭证张数、会计主管人员和装订人员签章,在显露处标明凭证种类和编号,以便于查阅。

(2)可用“三针引线法”装订,装订时尽可能缩小所占部位,使记账凭证及其附件保持尽可能大的显露面,以便于日后查阅。

(3)装订要保证装订牢固,美观大方。

(4)一般每月装订一次,装订好的凭证按年分月妥善保管归档。

(二)会计账簿的装订

各种会计账簿年度结账后,除跨年使用的账簿外,其他账簿应按时(一般是按年)整理立卷。

1. 会计账簿装订的准备工作

(1)账簿装订前,首先按账簿启用表的页数核对账页数,然后按会计账簿封面、启用表、账户目录、该账簿按页号顺序排列的账页、封底的顺序装订。

(2)对活页账簿,保留已使用过的账页,将账页数填写齐全,去除空白页和撤掉账夹,用质地好的牛皮纸做封面、封底,装订成册,每本最多可装 300 页。

(3)对订本账簿未用完的空白账页不得取出,要保持原装 100 页或 50 页完整无缺。

2. 会计账簿的装订方法

(1)在账簿的封面上填写好账簿的种类,编号顺序为总账、现金日记账、银行存款日记账、分类明细账、会计主管人员和装订人签章。

(2)在扉页上应填制“账簿启用及经管人员一览表”及“科目索引表”,在“账簿启用及经管人员一览表”中应填明账簿名称、编号、页数、启用日期、经管人员姓名及交接日期、主管会计人员签章等。

(三)会计报表的装订

会计报表编制完成、及时报送后,留存的报表按月装订成册、谨防丢失。小企业可按季或按年装订成册。

1. 会计报表装订前,要按编报目录核对是否齐全,整理报表页数,上边和左边对齐压平,防止折角,如有损坏部位修补后,完整无缺地装订。

2. 会计报表装订顺序为:会计报表封面、会计报表编制说明、各种会计报表按会计报表的编号顺序排列、会计报表的封底。

3. 按保管期限编制卷号。

通常会计账簿的保管期限为15年,但库存现金日记账和银行存款日记账的保管期限为25年,而对一些涉外事务和其他重要的会计账簿应永久保存。保管期满后,应按规定的审批程序报经批准后才能销毁,不得随意销毁。账簿保管期满,需要销毁时,由档案保管部门提出销毁意见,会同财务部门共同鉴定,编造销毁清册,单位负责人在清册上签署意见后方可销毁。销毁时,应由档案保管部门、财务部门和有关部门共同监督。

会计档案保管期限表

序号	档案名称	保管期限	备　注
一	会计凭证		
1	原始凭证	30年	
2	记账凭证	30年	
二	会计账簿		
3	总账	30年	
4	明细账	30年	
5	日记账	30年	
6	固定资产卡片		固定资产报废清理后保管5年
7	其他辅助性账簿	30年	
三	财务会计报告		
8	月度、季度、半年度财务会计报告	10年	
9	年度财务会计报告	永久	
四	其他会计资料		
10	银行存款余额调节表	10年	
11	银行对账单	10年	
12	纳税申报表	10年	
13	会计档案移交清册	30年	
14	会计档案保管清册	永久	
15	会计档案销毁清册	永久	
16	会计档案鉴定意见书	永久	

四、实验材料

(1)实验二、实验五、实验六所填制的记账凭证。
(2)实验三所设置的账簿及所填写的账簿扉页。
(3)实验九所编制的财务报表。

第五章　会计职业道德的主要内容及要求

对会计人员提出的职业道德要求主要有以下几个方面：

1. 敬业爱岗

要求会计人员端正专业思想，明确服务宗旨，树立良好职业荣誉感和责任感，勤勤恳恳，兢兢业业，以高度的事业心做好本职工作。

2. 熟悉法规

从事会计工作的人员要履行核算和监督的职责，首先要认真学习和熟悉掌握财经法律、法规和国家统一的会计制度，做到在处理各项经济业务时知法依法、知章依章，依法把关守口，维护规章制度的严肃性、科学性和完整性。

3. 依法办事

会计人员应当按照会计法律、法规和国家统一会计制度进行会计工作，保证所提供的会计信息合法、真实、准确、完整。会计人员在履行职责中，要敢于并善于执行各种法律、规章，坚决按国家法律、规章严格审查各项财务收支，维护国家和投资者的利益，绝不能为个人或小团体的利益弄虚作假、营私舞弊。

4. 客观公正

会计人员在办理会计事务中，必须以实事求是的精神和客观公正的态度，完整、准确、如实地反映各项经济活动情况，不隐瞒歪曲，不弄虚作假，不搞假账真算、真账假算。

5. 搞好服务

会计人员必须改变过去那种单纯的记账、算账、报账的传统观念，解放思想，开拓创新，大胆改革。从会计工作的角度，会计人员应当熟悉本单位的生产经营和业务管理情况，对投入产出进行可行性论证，积极为领导出谋划策，参与单位的预测和决策，并运用自己所掌握的会计信息和会计方法，为改善单位内部管理、提高经济效益服务。

6. 保守秘密

会计人员应当保守本单位的商业秘密，除法律规定和单位领导人同意外，不能私自向外界提供或者泄露单位的会计信息。

7. 廉洁奉公

廉洁奉公、不谋私利是会计职业道德的重要特征，也是衡量会计人员职业道德的基本尺度。会计人员必须以廉洁奉公、不谋私利作为自己的行为准则，维护国家的财经纪律及企业的规章制度。

案例一

李爱萍是上海益利有限公司的财务主管。她的私人朋友希望她悄悄把公司的钱投资到自己公司，并声称，自己的公司周转很快，最多只用半年时间，到时候可以连本带利还给公司，她本人也能赚到十几万元。

分析要求

1. 李爱萍应该怎么做?
2. 听信朋友的建议可能会有哪些后果呢?
3. 李爱萍可不可以私自开出票据给她的朋友? 为什么?
4. 公司的财务控制应该如何管理才能避免一人开出支票?
5. 这一事件给了你哪些启示与感想?

案例二

钟会计是上海萨利有限公司往来会计,外表木讷朴实,内里秀慧多计,深得同事们信任。但经审计发现,他擅自注销坏账,侵吞客户归还的货款 20 000 元。

分析要求

1. 钟会计的行为违反了职业道德的哪些条款?
2. 与应收账款相关的内部控制应该考虑哪些方面?
3. 法律法规关于单位内部的会计工作管理有哪些规定?
4. 如果新任会计主管来交接钟会计的工作,需要办理哪些手续?
5. 钟会计将面临的后果有哪些?
6. 你有什么感想?

案例三

在对宏远公司以前年度财务报表的全面审计中发现,公司会计主管和出纳联手,通过涂改支出凭证和奖金、加班费发放单和用假发票等手法侵吞资金。去年,会计将支付给某房屋装潢公司的工程款 3 万元涂改成 8 万元(发票和支票存根都涂改,把收据上大写的"叁"字撕破),虚列支出 5 万元;入账一笔费用,却没有任何原始凭证,此笔现金又落入他们的腰包。同时,有大量的没有经办人员和领导审批的非法支出入账,主要是就餐费发票,共有 31 笔近 10 万元。

分析要求

1. 对会计人员的教育应当包含哪些内容?
2. 对出纳工作和出纳人员的任职要求有哪些?
3. 单位内部的财务工作管理有哪些方面?
4. 上述案件违反了哪些法律法规?
5. 这一案件给你的启示是什么?

案例四

今年,在对新文公司的全面审计中发现公司账外设账,私设小金库,金额为 10 万元;此外,还将下属公司破产清算收入转移到总经理的私人账户,金额达 34 万元。

分析要求

1. 银行账户管理有哪些规定?

2. 账外设账违反了哪些法律法规的规定?
3. 会计人员在单位内部会计监督中的职权有哪些?
4. 单位内部会计监督制度的基本要求有哪些?
5. 这一事件给你的启示是什么?

案例五

在对江华公司上年度报表进行审计时,发现“其他应收款——李小红”账户的期末贷方余额为8.20万元。后经发现,李小红为法人代表,其向财务科借备用金,此后张叶以垫支现金购买材料、报销各种费用为由冲账,还有部分款项未支付,从而形成了期末的贷方余额;付款时均以现金支付;差旅费凭证无附件;部分发票不规范。

分析要求

1. 记账凭证的编制要求是什么?
2. 原始凭证的审核要求是什么?
3. 发票的填写有哪些规范要求?
4.《现金管理暂行条例》规定的现金使用范围是什么?
5. 这一事件给你的启示是什么?

附录一　　实验所需物品名称及数量一览表

<table>
<tr><th colspan="3">物　品　名　称</th><th>单　位</th><th>数　量</th></tr>
<tr><td>凭证</td><td colspan="2">记账凭证</td><td>张</td><td>80</td></tr>
<tr><td rowspan="7">账 页</td><td colspan="2">总分类账</td><td>张</td><td>50</td></tr>
<tr><td colspan="2">现金日记账</td><td>张</td><td>3</td></tr>
<tr><td colspan="2">银行存款日记账</td><td>张</td><td>3</td></tr>
<tr><td rowspan="3">明细账</td><td>三栏式</td><td>张</td><td>50</td></tr>
<tr><td>数量金额式</td><td>张</td><td>10</td></tr>
<tr><td>多栏式</td><td>张</td><td>10</td></tr>
<tr><td rowspan="4">报 表</td><td colspan="2">资产负债表</td><td>张</td><td>2</td></tr>
<tr><td colspan="2">利润表</td><td>张</td><td>2</td></tr>
<tr><td colspan="2">现金流量表</td><td>张</td><td>2</td></tr>
<tr><td colspan="2">会计报表封皮</td><td>张</td><td>2</td></tr>
<tr><td colspan="3">会计凭证封面</td><td>张</td><td>2</td></tr>
<tr><td colspan="3">账簿封皮</td><td>张</td><td>4</td></tr>
<tr><td colspan="3">科目汇总表</td><td>张</td><td>4</td></tr>
<tr><td colspan="3">装订机</td><td>台</td><td>2</td></tr>
<tr><td colspan="3">装钉线</td><td>米</td><td>2</td></tr>
<tr><td colspan="3">财会专用笔(蓝色)</td><td>支</td><td>1</td></tr>
<tr><td colspan="3">财会专用笔(红色)</td><td>支</td><td>1</td></tr>
<tr><td colspan="3">财会专用笔笔芯(蓝色)</td><td>支</td><td>2</td></tr>
<tr><td colspan="3">回型针</td><td>盒</td><td>1</td></tr>
<tr><td colspan="3">30 厘米直尺</td><td>把</td><td>1</td></tr>
<tr><td colspan="3">大铁夹</td><td>个</td><td>3</td></tr>
<tr><td colspan="3">倒钩锥子</td><td>把</td><td>1</td></tr>
<tr><td colspan="3">胶水</td><td>瓶</td><td>1</td></tr>
<tr><td colspan="3">会计资料盒</td><td>个</td><td>1</td></tr>
<tr><td colspan="3">财务专用章</td><td>个</td><td>1</td></tr>
</table>

附录二

相关财经法规一览表

法规名称	颁布时间	最新修订时间	备　注
一、税法类			
增值税暂行条例	1993年12月13日	2017年11月19日	
消费税暂行条例	1993年12月13日	2008年11月5日	
进出口关税条例	2003年11月23日	2016年2月6日	
企业所得税法	2007年3月16日	2018年12月29日	
个人所得税法	1994年1月28日	2018年8月31日	包括暂行条例
土地增值税暂行条例	1993年12月13日		土地增值税立法进行中
车辆购置税法	2018年12月29日	2001年1月1日	前身为《车辆购置税暂行条例》
发票管理办法	1993年12月12日	1993年	配套有《实施细则》并不断修订
关于偷税抗税刑事案件具体应用法律若干问题的解释	2002年11月5日	2002年11月7日	
房产税暂行条例	1986年9月15日	1986年10月1日	上海、重庆开展试点，目前立法进行中
税收征管法	1992年9月4日	2015年4月24日	
印花税法	2021年6月10日		前身为《印花税暂行条例》
资源税法	2019年8月26日	1994年1月1日	前身为《资源税暂行条例》
契税暂行条例	1950年3月31日	1997年10月1日	
城市维护建设税法	2020年8月11日		前身为《城市维护建设税暂行条例》
增值税专用发票使用规定	2006年10月17日		
二、金融制度类			
人民币银行结算管理办法	2003年4月10日	2003年9月1日	配套有《人民币银行结算账户管理办法实施细则》
票据法	1995年5月10日	2004年8月28日	
现金管理暂行条例	1988年9月8日		配套有《现金管理暂行条例实施细则》
三、会计类			
企业财务会计准则	2006年2月215	2018年12月7日	
中华人民共和国会计法	1999年10月31日	2017年11月5日	
会计档案管理办法	1998年8月21日	2015年12月11日	
会计基础工作规范化管理办法	1997年7月10日		
会计基础工作规范	1996年6月17日		
财政部门实施会计监督办法	2001年2月20日		

附录三　　一般企业常用会计科目表(中英文对照)

会 计 科目			
顺序号	编　号	会计科目名称	英文表达
一、资产类			
1	1001	库存现金	Cash on Hand
2	1002	银行存款	Cash in Banks
5	1015	其他货币资金	Other Monetary Funds
9	1101	交易性金融资产	Trading Financial Assets
11	1121	应收票据	Notes Receivable
12	1122	应收账款	Accounts Receivable
13	1123	预付账款	Prepayments
14	1131	应收股利	Dividends Receivable
15	1132	应收利息	Interests Receivable
21	1221	其他应收款	Other Receivable
22	1231	坏账准备	Allowance(Provision)for Doubtful Accounts
27	1401	材料采购	Supplies Purchasing
28	1402	在途物资	Materials in Transit
29	1403	原材料	Materials and Supplies
30	1404	材料成本差异	Materials Cost Variance
31	1405	库存商品	Goods on Hand
32	1406	发出商品	Merchandises Shipped
34	1408	委托加工物资	Customers' Materials to Be Processed
35	1411	周转材料	Circulation Materials
36	1501	持有至到期投资	Held to Maturity Investments
37	1502	持有至到期投资减值准备	Held to Maturity Investments Depreciations Reserves
38	1511	长期股权投资	Long-term Investments in Stock Ownership
42	1512	长期股权投资减值准备	Reserve for Depreciation of Long-term Investments
43	1521	投资性房地产	Investment Property
46	1531	长期应收款	Long-term Receivable
47	1532	未实现融资收益	Unrealized Financial Income
48	1601	固定资产	Fixed Assets
49	1602	累计折旧	Accumulated Depreciation
50	1603	固定资产减值准备	Fixed Assets Depreciation Reserves

续表

会计科目			
顺序号	编　号	会计科目名称	英文表达
51	1604	在建工程	Constructions in Progress
52	1605	工程物资	Engineering Materials
53	1606	固定资产清理	Disposal of Fixed Assets
55	1701	无形资产	Intangible Assets
56	1702	累计摊销	Accumulated Amortization
57	1703	无形资产减值准备	Intangible Assets Depreciation Reserves
58	1711	商誉	Goodwill
59	1801	长期待摊费用	Long-term Prepaid Expenses
60	1811	递延所得税资产	Deferred Income Tax Assets
62	1901	待处理财产损溢	Property Losses and Gains in Suspense
二、负债类			
63	2001	短期借款	Short-term Loans
64	2201	应付票据	Notes Payable
65	2202	应付账款	Accounts Payable
66	2203	预收账款	Advance Received
67	2211	应付职工薪酬	Employee Compensation Payable
68	2221	应交税费	Taxes Payable
69	2231	应付利息	Interest Payable
70	2232	应付股利	Dividends Payable
71	2241	其他应付款	Other Accrued Payables
72	2401	递延收益	Deferred Revenue
73	2501	长期借款	Long-term Loans
74	2502	应付债券	Debentures Payable
81	2701	长期应付款	Long-term Payable
83	2901	递延所得税负债	Deferred Income Tax Liabilities
三、所有者权益类			
84	4001	实收资本/股本	Capital Stock
85	4002	资本公积	Additional Paid-in Capital/Capital Reserves
86	4101	盈余公积	Surplus Reserve
87	4103	本年利润	Income Summary
88	4104	利润分配	Profit Distribution
89	4201	库存股	Treasury Stock

续表

会 计 科目			
顺序号	编 号	会计科目名称	英文表达
四、成本类			
90	5001	生产成本	Cost of Production
96	5101	制造费用	Manufacturing Overhead
99	5201	劳务成本	Service Cost
五、损益类			
100	6001	主营业务收入	Income from Main Operation
101	6051	其他业务收入	Income from Other Operation
106	6101	公允价值变动损益	Changes of Fair Value of Assets
107	6111	投资收益	Investment Income
108	6301	营业外收入	Non-operating Income
109	6401	主营业务成本	Costs of Main Operation
112	6402	其他业务成本	Other Business Expenditure
113	6403	营业税金及附加	Operating Tax
114	6601	销售费用	Distribution Expenses
115	6602	管理费用	General & Administrative Expenses
116	6603	财务费用	Financial Expenses
117	6701	资产减值损失	Loss of Impairment of Assets
119	6711	营业外支出	Non-operating Expenses
120	6801	所得税费用	Income Tax Expenses
121	6901	以前年度损益调整	Adjustment to Prior Year's Income and Expenses

附录四

工作底稿(中英文对照)

科目汇总表

Accounts Summary

期间：　　　　月　　日——　　月　　日

Period：

科　目 Account Titles	借　方 Dr.	贷　方 Cr.

续表

科　目 Account Titles	借　方 Dr.	贷　方 Cr.
合　计 Total		

试算平衡表

Trial Balance

月　　日　　　　　　　　　　　　　　　单位:元

For the month ended　　　　　　　　　Monetary Unit:Yuan

科　目 Account Title	期初余额 Beginning Bal.		本期发生额 Current Period		期末余额 Ending Bal.	
	借方 Dr.	贷方 Cr.	借方 Dr.	贷方 Cr.	借方 Dr.	贷方 Cr.

续表

科　目 Account Title	期初余额 Beginning Bal.		本期发生额 Current Period		期末余额 Ending Bal.	
	借方 Dr.	贷方 Cr.	借方 Dr.	贷方 Cr.	借方 Dr.	贷方 Cr.
合计 Total						

附录五

企业财务报表(中英文对照)

资产负债表

Balance Sheet

年　　月　　日

For the year ended

会企 01 表
单位:元
Monetary Unit:YUAN

资　产 Assets	期末数 End of Year	年初数 Beg. of Year	负债及所有者权益 Liabilities and Owner' Equities	期末数 End of Year	年初数 Beg. of Year
流动资产　Current Assets:			流动负债　Current Liabilities:		
货币资金　Monetary Funds			短期借款　Short Term Loans		
交易性金融资产　Trading Financial Assets			交易性金融负债　Trading Financial		
衍生金融资产　Derivative Financial Assets			衍生金融负债　Derivative Financial Liabilities		
应收票据　Notes Receivables			应付票据　Notes Payable		
应收账款　Accounts Receivable			应付账款　Accounts Payable		
应收款项融资　Accounts Receivable Financing			预收款项　Advances Received		
预付款项　Prepayments			合同负债　Contract Liabilities		
应收利息　Interest Receivable			应付职工薪酬　Employee Compensations Payable		
应收股利　Dividends Receivable			应交税费　Taxes Payable		
其他应收款　Other Receivable			其他应付款　Other Accured Payables		
存货　Inventories			持有待售负债　Held for Sale Liabilities		
合同资产　Contract Assets			一年内到期的非流动负债　Non-current Liabilities		
持有待售资产　Held for Sale Assets			其他流动负债　Other Current Liabilities		
一年内到期的非流动资产 Non-current Assets Maturing Within One Year			流动负债合计　Total Current		
其他流动资产　Other Current Assets			非流动负债　Non-current Liabilities:		
流动资产合计　Total Current Assets			长期借款　Long-term Loans		
非流动资产　Non-current Assets:			应付债券　Debentures Payable		

资　产 Assets	期末数 End of Year	年初数 Beg. of Year	负债及所有者权益 Liabilities and Owner’ Equities	期末数 End of Year	年初数 Beg. of Year
债权投资　Debt Investments			其中:优先股　Preferred Stock		
其他债权投资　Other Debt Investments			永续债　Perpetual Debt		
可供出售金融资产　Available-for-sale			租赁负债　Lease Liabilities		
长期应收款　Long-term Receivable			长期应付款　Long-term Loans		
长期股权投资　Long-term Investments in Stock			预计负债　Projected Liabilities		
其他权益工具投资　Other Equity Instruments			递延所得税负债　Deferred Income Tax Liabilities		
其他非流动金融资产　Other Non-current Financial Assets			非流动负债合计 Total Non-current Liabilities		
投资性房地产　Investment Properties			负债合计　Total		
固定资产　Fixed Assets			所有者权益(或股东权益)　Owners’ Equities:		
在建工程　Construction in Progress			实收资本(或股本)　Capital Stock		
生产性生物资产　Productive Living Assets			其他权益工具　Other Equity Instruments		
油气资产　Oil and Gas Assets			其中:优先股　Preferred Stock		
无形资产　Intangible Assets			永续债　Perpetual Debt		
开发支出　Research and Development Expense			资本公积　Capital Reserves		
商誉　Goodwill			减:库存股　Less:Treasury Stock		
长期待摊费用　Long-term Prepaid			其他综合收益　Other Comprehensive Income		
递延所得税资产　Deferred Income Tax Assets			专项储备　Special Reserves		
其他非流动资产　Other Non-current Assets			盈余公积　Surplus Reserve		
			未分配利润　Retained Earnings		
			所有者权益合计　Total Owners’ Equities		
资产总计　Total			负债及所有者权益总计　Total		

利润表

Income Statement

________年________月 单位:元

For the year ended Monetary Unit:Yuan

项　目　Items	本期金额 Current Period	上期金额 Last Period
一、营业收入　Operating Revenue		
减:营业成本　Operating Costs		
税金及附加　Taxes and Surcharges		
销售费用　Selling Expenses		
管理费用　Administrative Expense		
研发费用　Research and Development Expense		
财务费用　Financial Expense		
其中:利息费用　Interest Expenses		
利息收入　Interest Income		
加:其他收益　Other Income		
投资收益(损失以"—"号填列)　Income from Investments		
其中:对联营企业和合营企业的投资收益　Including: Investment Income from Associates and Joint Ventures		
公允价值变动收益(损失以"—"号填列)　Add Gains or Losses from Changes in Fair Values		
信用减值损失(损失以"—"号填列)　Credit Impairment Losses		
资产减值损失(损失以"—"号填列)　Impairment Losses		
资产处置收益(损失以"—"号填列)　Gains or Losses from Asset Disposals		
二、营业利润(亏损以"—"号填列)　Operating Profit		
加:营业外收入　Add: Non-operating Income		
减:营业外支出　Less: Non-operating Expense		
其中:非流动资产处置损失　Include:Loss on Disposal of Non-current Assets		
三、利润总额(亏损总额以"—"号填列)　Profit before Tax		
减:所得税费用　Less:Income Tax		
四、净利润(净亏损以"—"号填列)　Net Profit		
(一)持续经营净利润　Net Profit from Continuing Operations		
(二)终止经营净利润　Net Profit from Discontinuing Operations		
五、其他综合收益的税后净额　Other Comprehensive Income after Tax		
(一)不能重分类进损益的其他综合收益　Items of Other Comprehensive Income That Will Not Be Reclassified to Profit or Loss		
(二)将重分类进损益的其他综合收益　Items of Other Comprehensive Income That Will Be Reclassified to Profit or Loss		

续表

项　目　Items	本期金额 Current Period	上期金额 Last Period
六、综合收益总额　Total Comprehensive Income		
七、每股收益　Earning Per Share		
(一)基本每股收益　Basic Earnings Per Share		
(二)稀释每股收益　Dilute Earnings Per Share		

现金流量表

Cash Flow Statement

年　月

For the year ended

会企 03 表

单位:元

Monetary Unit:Yuan

项　　目 Items	金　额 Amount
一、经营活动产生的现金流量 Cash Flow from Operating Activities	
销售商品、提供劳务收到的现金 Cash from Selling Commodities or Offering Labor	
收到的税费返还　Refund of Tax and Fee Received	
收到的其他与经营活动有关的现金 Other Cash Received Related to Operating Activities	
现金流入小计　Cash Inflow,Subtotal	
购买商品、接受劳务支付的现金 Cash Paid for Commodities or Labor	
支付给职工以及为职工支付的现金 Cash Paid to and for Employees	
支付的各项税费 Taxes and Fees Paid	
支付的其他与经营活动有关的现金 Other Cash Paid Related to Operating Activities	
现金流出小计　Cash Outflow,Subtotal	
经营活动产生的现金流量净额 Cash Flow Generated from Operating Activities,Net Amount	
二、投资活动产生的现金流量 Cash Flow from Investing Activities	
收回投资所收到的现金 Cash from Investment Withdrawal	
取得投资收益所收到的现金 Cash from Investment Income	
处置固定资产、无形资产和其他长期资产所收回的现金净额　Net Cash from Disposing Fixed Assets,Intangible Assets and Other Long-term Assets	
处置子公司及其他营业单位收到的现金 Cash from Disposing	
收到的其他与投资活动有关的现金 Other Cash Received Related to Investing Activities	
现金流入小计　Cash Inflow,Subtotal	
购建固定资产、无形资产和其他长期资产所支付的现金　Cash Paid for Buying Fixed Assets,Intangible Assets and Other Long-term Investments	
投资所支付的现金　Cash Paid for Investment	
取得子公司及其他经营单位支付的现金净额	
支付的其他与投资活动有关的现金 Other Cash Paid Related to Investing Activities	

续表

项　　目 Items	金　额 Amount
现金流出小计　Cash Outflow,Subtotal	
投资活动产生的现金流量净额　Cash Flow Generated from Investing Activities,Net Amount	
三、筹资活动产生的现金流量 Cash Flow from Financing Activities	
吸收投资所收到的现金 Cash Received from Accepting Investment	
取得借款所收到的现金　Borrowings	
收到的其他与筹资活动有关的现金 Other Cash Received Related to Financing Activities	
现金流入小计　Cash Inflow,Subtotal	
偿还债务所支付的现金　Cash Paid for Debt	
分配股利、利润或偿付利息所支付的现金 Cash Paid for Dividend,Profit or Interest	
支付的其他与筹资活动有关的现金 Other Cash Paid Related to Financing Activities	
现金流出小计　Cash Outflow,Subtotal	
筹资活动产生的现金流量净额 Cash Flow from Financing Activities Net Amount	
四、汇率变动对现金及现金等价物的影响 Foreign Currency Translation Gains(Losses)	
五、现金及现金等价物净增加额 Net Increase of Cash and Cash Equivalents	
加:期初现金及现金等价物余额 Plus:Cash & Cash Equivalents,Beginning	
六、期末现金及现金等价物余额 Cash & Cash Equivalents,Ending	

补充资料 Supplementary Schedule	金　额 Amount
1. 将净利润调节为经营活动现金流量　Convert Net Profit to Cash Flow from Operating Activities	
净利润 Net Profit	
计提的资产减值准备　Provision for Asset Losses	
固定资产折旧 Depreciation for Fixed Assets	
无形资产摊销　Amortization of Intangible Assets	
长期待摊费用摊销 Amortization of Long-term Deferred Expenses	

续表

补充资料 Supplementary Schedule	金　额 Amount
处置固定资产、无形资产和其他长期资产的损失(收益以"—"号填列)　Loss of Disposing Fixed Assets, Intangible Assets and Other Long-term Assets	
固定资产报废损失(收益以"—"号填列) Scrap Loss of Fixed Assets	
公允价值变动损失(收益以"—"号填列) Profit and Losses on the Changes in Fair Value	
财务费用　Financial Expenses	
投资损失(收益以"—"号填列) Investment Losses	
递延所得税资产减少(增加以"—"号填列)	
递延所得税负债增加(减少以"—"号填列)	
存货的减少(增加以"—"号填列) Decrease of Inventories	
经营性应收项目的减少(增加以"—"号填列) Decrease of Operation Receivables	
经营性应付项目的增加(减少以"—"号填列) Increase of Operation Payables	
其他　Others	
经营活动产生的现金流量净额 Net Cash from Operating Activities	
2. 不涉及现金收支的投资和筹资活动 Investing and Financing Activities Not Involved in Cash	
债务转为资本 Debt Converted to Capital	
一年内到期的可转换公司债券 Convertible Bond Maturity within One Year	
融资租入固定资产 Leased Fixed Assets	
3. 现金及现金等价物净增加情况 Net Increase of Cash and Cash Equivalents	
现金的期末余额　Cash, Ending	
减:现金的期初余额　Less: Cash Beginning	
加:现金等价物的期末余额 Plus: Cash Equivalents, Ending	
减:现金等价物的期初余额 Less: Cash Equivalents, Beginning	
现金及现金等价物的净增加额 Net Increase of Cash and Cash Equivalents	

所有者权益或股东权益增减变动表

编制单位： 年度 单位：元

Prepared by: Period: Monetary Unit: Yuan

项 目 Items	本年金额 Current Year									上年金额 Previous Year								
	实收资本(或股本) Paid-in Capital (or Stock)	其他权益工具 Other Equity Instruments	资本公积 Capital Reserves	减：库存股 Less: Treasury Stock	其他综合收益 Other Comprehensive Income	专项储备 Special Reserves	盈余公积 Surplus Reserve	未分配利润 Retained Earnings	所有者权益合计 Total Owners' Equities	实收资本(或股本) Paid in Capital (or Stock)	其他权益工具 Other Equity Instruments	资本公积 Capital Reserves	减：库存股 Less: Treasury Stock	其他综合收益 Other comprehensive income	专项储备 Special reserves	盈余公积 Surplus Reserve	未分配利润 Retained Earnings	所有者权益合计 Total Owners' Equities
一、上年年末余额 1. Ending Balance of Last Year																		
加：会计政策变更 Add: Accounting Policy Changes																		
前期差错更正 Correcting Earlier Errors																		
其他 Others																		
二、本年年初余额 2. Beginning Balance of This Year																		
三、本年增减变动金额(减少以"—"号填列) 3. Increases and Decreases of This Year("—"Stands for Decrease)																		
(一)综合收益总额 Total Comprehensive Income																		
(二)所有者投入和减少资本 (2) Investment by Owners and Capital Reduction																		
1. 所有者投入资本 Capital Investment by Owners																		
2. 其他权益工具持有者投入资本 Capital contributed by other equity instruments holders																		
3. 股份支付计入所有者权益的金额 Amount of Share-based Payment Redorded in Owner's Equities																		
4. 其他 Others																		

续表

项　目 Items	本年金额 Current Year									上年金额 Previous Year								
	实收资本(或股本) Paid-in Capital (or Stock)	其他权益工具 Other Equity Instruments	资本公积 Capital Reserves	减：库存股 Less: Treasury Stock	其他综合收益 Other Comprehensive Income	专项储备 Special Reserves	盈余公积 Surplus Reserve	未分配利润 Retained Earnings	所有者权益合计 Total Owners' Equities	实收资本(或股本) Paid in Capital (or Stock)	其他权益工具 Other Equity Instruments	资本公积 Capital Reserves	减：库存股 Less: Treasury Stock	其他综合收益 Other comprehensive income	专项储备 Special reserves	盈余公积 Surplus Reserve	未分配利润 Retained Earnings	所有者权益合计 Total Owners' Equities
(三)利润分配　(3)Profit Distribution																		
1. 提取盈余公积　(a)Withdraw Surplus Reserve																		
2. 对所有者(或股东)的分配 (b)Distribution to Owners (or Share Holders)																		
3. 其他　(c)Others																		
(四)所有者权益内部结转　(4) Innercarry Over of Owner's Equities																		
1. 资本公积转增资本(或股本) (a)Capital Reserves Convert into Capital (or Capital Stock)																		
2. 盈余公积转增资本(或股本) (b)Surplus Reserve Convert into Capital(or Capital Stock)																		
3. 盈余公积弥补亏损 (c)Surplus Reserve Come to Dificit																		
4. 设定受益计划变动额结转留存收益　Changes in remeasurement of defined benefit plans transferred to retained earnings																		
5. 其他综合收益结转留存收益　Other comprehensive income transferred to retained earnings																		
6. 其他　(d)Others																		
四、本年年末金额　(4)Balance of End of this Year																		

参考文献

1. John J. Wild, Ken W. Shaw & Barbara Chiappetta, Fundamental Accounting Principles, 20th edition, Published by McGraw Hill/Irwin, 2011.

2. 邬展霞、汪立元:《会计专业综合模拟实验》(第二版),复旦大学出版社 2014 年版。

3. 邬展霞、翁妙根:《基础会计模拟实验教程》(第二版),上海财经大学出版社 2014 年版。

4. 冷永杰、侯立新、江珊:《会计专业英语》,机械工业出版社 2008 年版。

5.《关于修订印发 2019 年度一般企业财务报表格式的通知》,财会〔2019〕6 号。

6. 中华人民共和国财政部制定:《企业会计准则》。